中等职业教育汽车类专业系列教材

汽车发动机构造与拆装

主　编　王孝洪　罗　彪

副主编　郝　煜　何兴刚　聂坤宇

编　者　吴王东　袁永康　郑德礼

　　　　卢　福　杨　健　赖群锐

　　　　简青青　李　旺　袁　波

　　　　刘清川　杜常见　熊　祥

　　　　马　丹　杨焱熬　李地阳

　　　　黄元平　冉　林　张启山

　　　　周　超　杜廷会

重庆大学出版社

内容简介

本书共6个项目11个任务，分别为发动机总体认识、曲柄连杆机构、配气机构、冷却系统、润滑系统、发动机总体拆装，主要内容包含了发动机的构造与分类、机体组构造与拆装、活塞连杆组构造与拆装、曲轴飞轮组构造与拆装、气门组构造与拆装、气门传动组构造与拆装、冷却系统构造与拆装、润滑系统构造与拆装等。本书以任务为主线，侧重于实践操作，细化了操作步骤并且配有大量的操作过程图片，而且还配有大量的操作视频，可以通过手机扫码观看，也可以登录资源网站观看和下载，让任务学习起来简单易懂。

本书可作为中等职业学校汽车类相关专业的教材，也可作为汽车维修技术人员的参考书。

图书在版编目（CIP）数据

汽车发动机构造与拆装／王孝洪，罗彪主编. 一重庆：重庆大学出版社，2016.8
中等职业教育汽车类专业系列教材
ISBN 978-7-5624-9890-2

Ⅰ.①汽… Ⅱ.①王…②罗…Ⅲ.①汽车—发动机—构造—中等专业学校—教材②汽车—发动机—构造—装配（机械）中等专业学校—教材 Ⅳ.①U464

中国版本图书馆CIP数据核字（2016）第168786号

中等职业教育汽车类专业系列教材
汽车发动机构造与拆装
Qingche Fadongji Gouzao Yü Chaizhuang

主 编 王孝洪 罗 彪
副主编 郝 煜 何兴刚 聂坤宇
责任编辑：章 可 版式设计：章 可
责任校对：谢 芳 责任印制：张 策

*

重庆大学出版社出版发行
出版人：易树平
社址：重庆市沙坪坝区大学城西路21号
邮编：401331
电话：（023）88617190 88617185（中小学）
传真：（023）88617186 88617166
网址：http://www.cqup.com.cn
邮箱：fxk@cqup.com.cn（营销中心）
全国新华书店经销
重庆市正前方彩色印刷有限公司印刷

*

开本：787mm×1092mm 1/16 印张：9.25 字数：208千
2016年8月第1版 2016年8月第1次印刷
ISBN 978-7-5624-9890-2 定价：27.00元

本书如有印刷、装订等质量问题，本社负责调换
版权所有，请勿擅自翻印和用本书
制作各类出版物及配套用书，违者必究

编写组

重庆市立信职业教育中心

重庆市巴南职业教育中心

重庆市九龙坡职业教育中心

重庆工商学校

重庆市渝北职业教育中心

重庆市黔江区民族职业教育中心

重庆市经贸中等专业学校

重庆荣昌职教中心

重庆市大足职业教育中心

重庆市江南职业学校

重庆市永川职业教育中心

重庆市綦江职业教育中心

重庆市垫江县第一职业中学校

重庆工业高级技工学校

重庆市科能高级技工学校

重庆市育才职业教育中心

重庆平湖技师学院

秀山土家族自治县职业教育中心

重庆市工贸高级技工学校

重庆工业管理职业学校

重庆市丰都县职业教育中心

重庆市涪陵信息技术学校

重庆市忠县职业教育中心

重庆市三峡水利电力学校

重庆市铜梁职业教育中心

重庆市梁平职业教育中心

重庆市奉节职业教育中心

重庆市农业机械化学校

彭水苗族土家族自治县职业教育中心

重庆别克公司

重庆西南富豪汽车销售服务有限公司

重庆天泽汽车服务连锁有限公司

中国汽车工程学会汽车应用与服务分会

重庆所罗门汽车科技公司

重庆国利汽保公司

序言

　　近年来,作为国家经济建设支柱、在国民经济中占有举足轻重地位的汽车工业在我国得到高速发展,汽车维修与检测设备现代化、检测资讯网络化、管理电脑化等变革性趋势,改变了我国传统的汽车维修观念和作业模式。同时,教育部组织制定了《中等职业学校专业教学标准(试行)》,这对于探索职业教育的规律和特点,创新职业教育教学模式,规范课程、教材体系,推进课程改革和教材建设,具有重要的指导作用和深远的意义。所以,中职学校汽车类专业的教学内容也发生了很大的变化。

　　基于以上情况,重庆大学出版社组织全市中职学校汽车类专业的一线骨干教师,在高校专家的指导下,在相关企业专家的帮助下,共同编写了《中等职业教育汽车类专业系列教材》。本套教材在《国家中长期教育改革和发展规划纲要(2010—2020)》指导下,以《中等职业教育汽车运用与维修专业课程标准》为依据,遵循"拓宽基础、突出实用、注重发展"的编写原则进行编写,使教材具有如下特点:

　　(1)理论与实践相结合。每本书都采用"项目—任务"的形式编写,通过"任务描述""任务目标""相关知识""任务实施""任务评价""任务检测"等版块,明确学习目的,丰富教学的传达途径,突出了理论知识够用为度,注重学生技能培养的中职教学理念。

　　(2)充分体现以学生为本。针对目前中职学生学习的实际情

编写组

重庆市立信职业教育中心	重庆市工贸高级技工学校
重庆市巴南职业教育中心	重庆工业管理职业学校
重庆市九龙坡职业教育中心	重庆市丰都县职业教育中心
重庆工商学校	重庆市涪陵信息技术学校
重庆市渝北职业教育中心	重庆市忠县职业教育中心
重庆市黔江区民族职业教育中心	重庆市三峡水利电力学校
重庆市经贸中等专业学校	重庆市铜梁职业教育中心
重庆荣昌职教中心	重庆市梁平职业教育中心
重庆市大足职业教育中心	重庆市奉节职业教育中心
重庆市江南职业学校	重庆市农业机械化学校
重庆市永川职业教育中心	彭水苗族土家族自治县职业教育中心
重庆市綦江职业教育中心	重庆别克公司
重庆市垫江县第一职业中学校	重庆西南富豪汽车销售服务有限公司
重庆工业高级技工学校	重庆天泽汽车服务连锁有限公司
重庆市科能高级技工学校	中国汽车工程学会汽车应用与服务分会
重庆市育才职业教育中心	重庆所罗门汽车科技公司
重庆平湖技师学院	重庆国利汽保公司
秀山土家族自治县职业教育中心	

序言

　　近年来,作为国家经济建设支柱、在国民经济中占有举足轻重地位的汽车工业在我国得到高速发展,汽车维修与检测设备现代化、检测资讯网络化、管理电脑化等变革性趋势,改变了我国传统的汽车维修观念和作业模式。同时,教育部组织制定了《中等职业学校专业教学标准(试行)》,这对于探索职业教育的规律和特点,创新职业教育教学模式,规范课程、教材体系,推进课程改革和教材建设,具有重要的指导作用和深远的意义。所以,中职学校汽车类专业的教学内容也发生了很大的变化。

　　基于以上情况,重庆大学出版社组织全市中职学校汽车类专业的一线骨干教师,在高校专家的指导下,在相关企业专家的帮助下,共同编写了《中等职业教育汽车类专业系列教材》。本套教材在《国家中长期教育改革和发展规划纲要(2010—2020)》指导下,以《中等职业教育汽车运用与维修专业课程标准》为依据,遵循"拓宽基础、突出实用、注重发展"的编写原则进行编写,使教材具有如下特点:

　　(1)理论与实践相结合。每本书都采用"项目—任务"的形式编写,通过"任务描述""任务目标""相关知识""任务实施""任务评价""任务检测"等版块,明确学习目的,丰富教学的传达途径,突出了理论知识够用为度,注重学生技能培养的中职教学理念。

　　(2)充分体现以学生为本。针对目前中职学生学习的实际情况，注意语言表达的通俗性，版面设计的可读性，以任务方式组织教材内容，突出学生对知识和技能学习的主体性。

（3）与行业需求相一致。教学内容的安排、教学案例的选取与行业应用相吻合，使所学知识和技能与行业需要紧密结合。

（4）跟上行业发展。本套教材注意反映汽车行业的新技术、新水平、新趋势，特别是通过实时更新数字资源内容，使教学与行业发展不脱节。

（5）将素质教育融入其中。在教材中，结合教学案例有机地对学生进行素质教育，包括爱国、爱家、遵纪守法、职业素养、职场安全等内容。

（6）强调教学的互动性。通过"友情提示""试一试""想一想""练一练"等栏目，建立教学互动平台，把教与学有机结合起来，增加学生的学习兴趣，培养学生的自学能力和创新意识。

（7）重视教材的立体资源配套。本套教材建有数字化教学平台，内容涵盖每门课程的课程目标、电子教案、教学PPT、教学资源（视频、动画、文字、图片）、测试题库、考核方案等，为教学提供支撑。特别通过二维码技术，将资源与纸质教材有机结合起来。

（8）装帧设计新颖。采用双色和彩色印刷，色彩搭配清新、明丽，版式设计具有现代感，符合中职学生的审美趣味。

总之，这套教材实用性和操作性较强，能满足中等职业学校汽车类专业人才培养目标的要求，能满足学生对汽车类专业技术学习的不同需要。希望这套教材能受到广大师生们的喜欢，为中职学校汽车类专业的发展作出贡献。

编写组

2016年5月

前言

由于汽车产业的快速发展，尤其是汽车新技术、新工艺的广泛应用，对汽车制造和汽车后市场人才的要求越来越高。然而，目前许多中职学校汽车运用与维修专业的办学软硬件条件还没有和市场真正接轨，没有适应学生的职业发展规律，更没有结合学校自身的实际情况。传统学科式教材过于注重"专业知识系统化"，使得职业教育"学问化"，学生被动地接受知识，其学习主体地位难以体现，学习积极性得不到充分激发，本书采用理实一体化教学，让学生将理论与实训有机结合，能够更好地掌握相关知识和技能。

本书的特点是：

1.充分体现了汽车发动机拆装的技能要求，为以后的进一步学习和实际工作打下坚实的基础。

2.按"项目引领，任务驱动"的"理实一体化"模式编写，实现了"做中学"的教学理念。

3.编写理念以学生为中心，重要的知识点附有充足的插图，降低了学生的学习难度。在文字描述方面力求通俗易懂，使学生能够轻易掌握。

4.以操作技能为中心，难易适度，重在实际操作，突出了动手能力和实际操作技能的培养。对实际工作影响不大的理论内容不作深入阐述，比较适合现阶段中等职业学校学生的学习。

5.培养学生的专业学习兴趣和良好职业意识。在教材呈现形式上力求丰富，重点操作部分附有教学演示视频，使学生容易接受。

本书各任务的学时分配建议如下：

序　号	项　目	任　务	学　时
1	发动机总体认识	任务一　掌握发动机的构造与分类	4
		任务二　掌握发动机的工作原理与基本术语	4
2	曲柄连杆机构	任务三　掌握机体组的构造与拆装	6
		任务四　掌握活塞连杆组的构造与拆装	8
		任务五　掌握曲轴飞轮组的构造与拆装	4
3	配气机构	任务六　掌握气门组的构造与拆装	6
		任务七　掌握气门传动组的构造与拆装	6
4	冷却系统	任务八　掌握冷却系统的构造与拆装	10
5	润滑系统	任务九　掌握润滑系统的构造与拆装	10
6	发动机总体拆装	任务十　掌握发动机总体拆卸	8
		任务十一　掌握发动机总体装配	8

本书由王孝洪、罗彪担任主编，郝煜、何兴刚、聂坤宇担任副主编，参与编写的老师还有吴王东、袁永康、郑德李、卢福、杨健、赖群锐、简青青、李旺、袁波、刘青川、杜常见、熊祥、马丹、杨焱熬、李地阳、黄元平、冉林、张启山、周超、杜廷会。

由于时间仓促，加之编者水平有限，书中难免存在不足之处，敬请读者批评指正。

编　者

2016年6月

目录

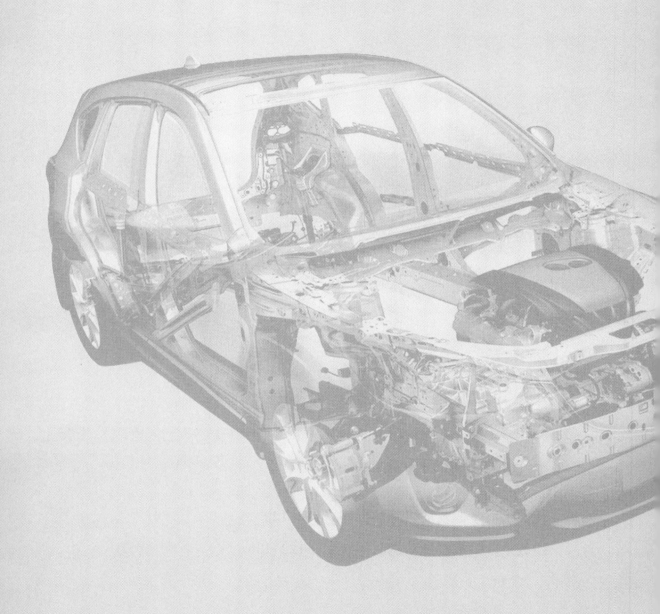

发动机，也就是平时所说的引擎，英文名字是"Engine"。简单来说，发动机其实就是一个能量转换的装置，在密封汽缸里燃烧汽油（柴油）产生热能的同时气体发生膨胀并推动活塞做功转变为机械能，这就是发动机最基本的原理。发动机的所有结构都是为能量转换服务的。虽然它已经发明了100多年，但是其基本原理并没有变化，只是在外形、制造工艺、性能、控制等方面发生了改变并不断提高。现代的发动机已经不再是简单的机械装置了，而是一个复杂的机电一体化产品。

任务一 掌握发动机的构造与分类

任务描述

　　发动机作为汽车的动力源泉，就如同人的心脏。随着汽车工业的不断发展，发动机也在不断改进。如今，不同汽车的发动机的内部构造也有了明显的差别，在本任务中需要学习发动机的构造及分类。

任务目标

完成本任务的学习后，你应能：

★ 说出发动机的分类；

★ 描述发动机的构造；

★ 在实车上找到每个部件的位置。

建议学时：4学时。

任务实施

一、发动机的分类

　　发动机通常按以下方式进行分类：

　　1.按照进气系统分类

　　发动机按照进气系统是否采用增压方式，可以分为自然吸气（非增压）式发动机和强制进气（增压）式发动机。通常，汽油发动机常采用自然吸气形式，柴油发动机为了提高功率有时会采用强制进气形式，如图1-1所示。

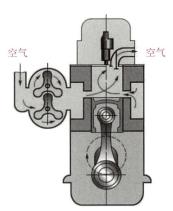

（a）自然吸气（非增压）式发动机　　　（b）强制进气（增压）式发动机

图1-1　自然吸气与强制进气发动机的工作原理

2.按照汽缸排列方式分类

发动机按照汽缸排列方式不同，可以分为单列式发动机和双列式发动机。单列式发动机的各个汽缸排成一列，一般是垂直布置的，但为了降低高度，有时也把汽缸布置成倾斜的甚至水平的；双列式发动机把汽缸排成两列，两列之间的夹角小于180°（一般为90°）称为V形发动机，如图1-2所示。若两列之间的夹角等于180°，则称为对置式发动机。

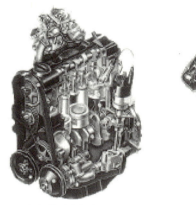

（a）单列式发动机　　　　　　（b）双列式发动机

图1-2　单列式发动机与双列式发动机

3.按照汽缸数目分类

发动机按照汽缸数目不同，可以分为单缸发动机和多缸发动机。仅有一个汽缸的发动机称为单缸发动机；有两个以上汽缸的发动机称为多缸发动机。例如，双缸、三缸、四缸、五缸、六缸、八缸、十二缸等都是多缸发动机。现代车用发动机多采用四缸、六缸、八缸发动机，如图1-3所示。

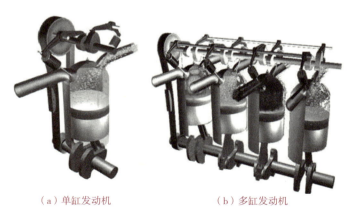

（a）单缸发动机　　　　　　（b）多缸发动机

图1-3　单缸发动机与多缸发动机

4.按照冷却方式分类

发动机按照冷却方式不同，可以分为水冷发动机和风冷发动机。水冷发动机是利用在汽缸体和汽缸盖冷却水套中循环流动的冷却液作为冷却介质进行冷却的；而风冷发动机是利用流动于汽缸体与汽缸盖外表面散热片之间的空气作为冷却介质进行冷却的。水冷发动机冷却均匀，工作可靠，冷却效果好，被广泛地应用于现代车用发动机，如图1-4所示。

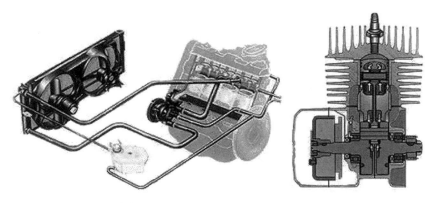

（a）水冷发动机　　　　　　　　（b）风冷发动机

图1-4　水冷发动机与风冷发动机

5.按照行程分类

发动机按照完成一个工作循环所需的行程数，可分为四行程发动机和二行程发动机。把曲轴转两圈（720°），活塞在汽缸内上下往复运动4个行程，完成一个工作循环的发动机称为四行程发动机；而把曲轴转一圈（360°），活塞在汽缸内上下往复运动两个行程，完成一个工作循环的发动机称为二行程发动机。目前，汽车发动机如今广泛应用四行程发动机。

6.按照所用燃料分类

发动机按照所使用燃料的不同，可以分为汽油发动机和柴油发动机。使用汽油为燃料的发动机称为汽油发动机，使用柴油为燃料的发动机称为柴油发动机。汽油发动机与柴油发动机相比，汽油发动机转速高，质量小，噪声小，起动容易，制造成本低，但使用成本高；柴油发动机压缩比大，热效率高，经济性能和排放性能都比汽油发动机好。

二、发动机的总体结构

汽车的总体构造分为发动机、底盘、车身、电气设备4部分。一般而言，汽油发动机由两大机构和五大系统组成，即曲柄连杆机构、配气机构、燃料供给系统、润滑系统、冷却系统、点火系统和起动系统；柴油发动机由两大机构和四大系统组成，即曲柄连杆机构、配气机构、燃料供给系统、润滑系统、冷却系统和起动系统，柴油发动机是压燃的，所以不需要点火系统。

1.曲柄连杆机构

曲柄连杆机构主要由机体组、活塞连杆组、曲轴飞轮组组成，如图1-5所示。

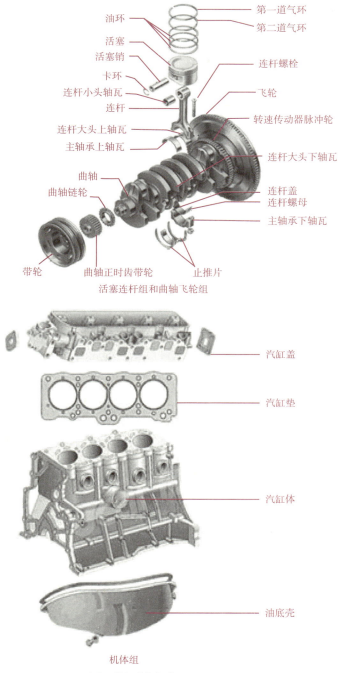

第一道气环
油环
第二道气环
活塞
活塞销
连杆螺栓
卡环
连杆小头轴瓦
飞轮
连杆
转速传动器脉冲轮
连杆大头上轴瓦
主轴承上轴瓦
连杆大头下轴瓦
曲轴
连杆盖
曲轴链轮
连杆螺母
主轴承下轴瓦
带轮
曲轴正时齿带轮
止推片
活塞连杆组和曲轴飞轮组

汽缸盖
汽缸垫
汽缸体
油底壳
机体组

图1-5 曲柄连杆机构

　　曲柄连杆机构的功用：把燃料燃烧产生的热能转换为推动活塞作直线运动的机械能，将活塞往复运动转变为曲轴旋转运动，并向外输出动力。其中机体组是发动机的骨架，它是其他各个机构和系统的安装基础。

　　2.配气机构

　　配气机构的主要部件包括气门组与气门传动组，如图1-6至图1-8所示。

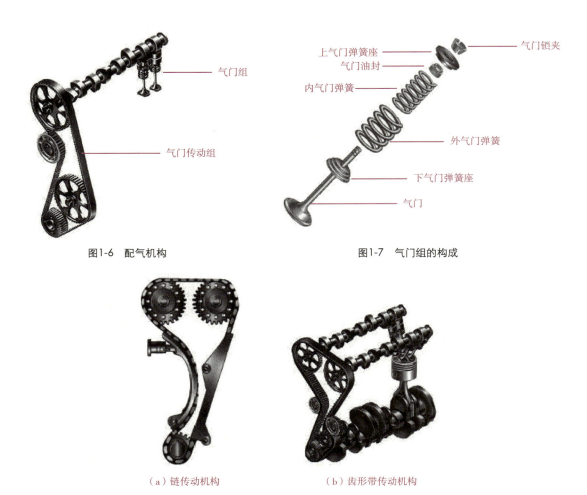

图1-6　配气机构

气门组
气门传动组

图1-7　气门组的构成

上气门弹簧座
气门油封
内气门弹簧
气门锁夹
外气门弹簧
下气门弹簧座
气门

（a）链传动机构　　　　（b）齿形带传动机构

图1-8　链传动机构与齿形带传动机构

　　配气机构的功用：按照发动机每一汽缸内所进行的工作循环和发火次序的要求，定时开启和关闭各汽缸，使得新鲜充量及时进入汽缸，废气及时从汽缸排出，在压缩与膨胀行程中，保证燃烧室的密封。新鲜充量对于汽油机而言是汽油和空气的混合气，对于柴油机而言是纯空气。

燃油压力调节器及回油管
燃油蒸汽回收罐
油量传感器
燃油泵
空气滤清器
油箱
发动机
喷油嘴
燃油滤清器

图1-9　燃料供给系统

3.燃料供给系统

　　燃料供给系统的主要部件包括燃油泵、油箱、油量传感器、燃油蒸汽回收罐、燃油压力调节器及回油管、空气滤清器、燃油滤清器、喷油嘴等，如图1-9所示。

　　汽油机燃料供给系统的功用：将汽油经过雾化、蒸发（汽化）并和空气按一定比例均匀混合成可燃混合气，再根据发动机各种不同工况的要求，向发动机汽缸内供给不同质（即不同浓度）和不同量的可燃混合气，以便在临近压缩终了时点火燃烧而放出热量燃气膨胀作功，最后将汽缸内废气排至大气中。

4.润滑系统

润滑系统是向润滑部位供给润滑剂的一系列给油脂、排油脂及其附属装置的总称。润滑系统可分为5种，即循环润滑系统、集中润滑系统、喷雾润滑系统、浸油与飞溅润滑系统、油和脂的全损耗性润滑系统。

润滑系统的主要部件包括油底壳、机油泵、机油滤清器、曲轴油道、连杆油道、汽缸盖主油道等，如图1-10所示。

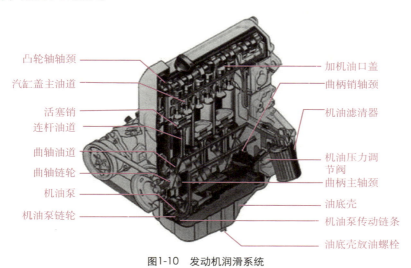

图1-10 发动机润滑系统

5.冷却系统

冷却系统的主要部件包括水泵、节温器、汽缸体水套、散热器、缓冲罐（膨胀水箱）等，如图1-11所示。

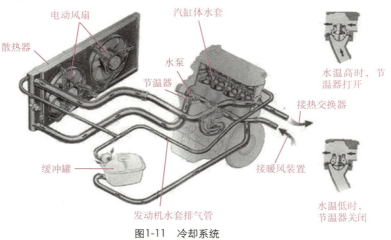

图1-11 冷却系统

冷却系统的功用：把受热零件吸收的部分热量及时散发出去，保证发动机在最适宜的温度状态下工作。

6.点火系统

在汽油机的汽缸盖上装有火花塞，火花塞头部伸入到燃烧室内，因此，能够按时在火花塞电极间产生电火花的全部设备称为点火系统。

点火系统的主要部件包括蓄电池、点火开关、点火线圈、火花塞等，如图1-12所示。

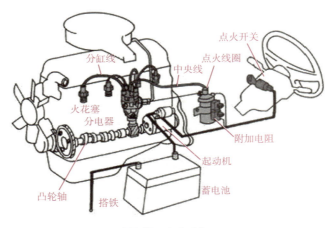

图1-12　点火系统

7.起动系统

为了使静止的发动机进入工作状态，必须先用外力转动发动机曲轴，使活塞开始上下运动，汽缸内吸入可燃混合气，然后依次进入后续的工作循环。而依靠的这个外力系统就是起动系统，如图1-13所示。

起动系统在发动机上的安装如图1-14所示。

目前，几乎所有的汽车发动机都采用电力起动机起动。当电动机轴上的驱动齿轮与发动机飞轮周缘上的环齿啮合时，电动机旋转时产生的电磁转矩通过飞轮传递给发动机的曲轴，使发动机起动。电力起动机简称起动机，它以蓄电池为电源，结构简单、操作方便、起动迅速可靠。

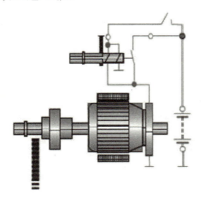

图1-13　起动系统

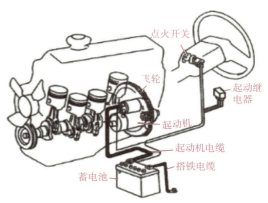

图1-14　起动机在发动机上的安装

任务检测

一、填空题

1.现代发动机按混合气形成方式不同可分为_____和_____两种。

2.发动机的两大机构是_____和_____。

3.按冷却方式的不同，发动机可分为_____和_____。

4.点火系统的主要部件有：_____、_____、_____、_____、_____、_____。

5.润滑系统的主要部件有：_____、_____、_____、_____。

二、简答题

1.发动机主要由哪几部分组成？分别起什么作用？

2.发动机的分类方式有哪些？

评价与反思

评价表

序号	项目	操作内容	配分	评分标准	得分
1	操作前准备	工具准备情况检查	5	清点工具，摆放到合理位置	
2	基本防护	穿戴的衣物	5	穿工作服、劳保鞋	
3	发动机分类	叙述按照进气方式分类的种类	5	叙述至少2种即得分，少一种扣2分	
4		叙述按照汽缸布置形式分类的种类	5	叙述至少2种即得分，少一种扣2分	
5		叙述按照汽缸数分类的种类	5	叙述至少2种即得分，少一种扣2分	
6		叙述按照冷却方式分类的种类	5	叙述至少2种即得分，少一种扣2分	
7		叙述按照燃料分类的种类	5	叙述至少2种即得分，少一种扣2分	
8		叙述按照行程分类的种类	5	叙述至少2种即得分，少一种扣2分	
9	发动机的构成	叙述曲柄连杆机构的组成与作用	10	叙述组成少一项扣2分，叙述正确作用得5分	
10		叙述配气机构的组成与作用	5	叙述组成少一项扣1分，叙述正确作用得3分	
11		叙述供给系统的组成与作用	5	叙述组成少一项扣1分，叙述正确作用得3分	

续表

序号	项目	操作内容	配分	评分标准	得分
12	发动机的构成	叙述润滑系统的组成与作用	5	叙述组成少一项扣1分，叙述正确作用得3分	
13		叙述冷却系统的组成与作用	5	叙述组成少一项扣1分，叙述正确作用得3分	
14		叙述点火系统的组成与作用	6	叙述组成少一项扣1分，叙述正确作用得3分	
15		叙述起动系统的组成与作用	6	叙述组成少一项扣1分，叙述正确作用得3分	
16	安全文明操作	物品的掉落	4	掉落一次扣2分，扣完为止	
17		操作文明	10	操作时有零件损伤，一次扣2分，扣完为止	
18		工作现场5S	4	工具使用后及时放回，工位整洁	
总　分			100	合　计	

反思

1.通过观察车辆的发动机，如何判断其汽缸数目？

2.通过观察车辆的发动机，如何判断其冷却方式？

任务二　掌握发动机的工作原理与基本术语

任务描述

　　大家都知道发动机是汽车动力的源泉，发动机工作时不断燃烧燃料，源源不断地对外输出动力，然而它是怎样将可燃混合气转变为动力的呢？在本任务中就重点学习发动机的基本工作原理。

任务目标

　　完成本任务的学习后，你应能：

　★ 记住发动机的基本术语；

　★ 描述发动机的工作原理；

　★ 知道发动机的编号规则。

　　建议学时：4学时。

任务实施

一、发动机常用术语

汽车发动机的常用术语如图1-15所示。

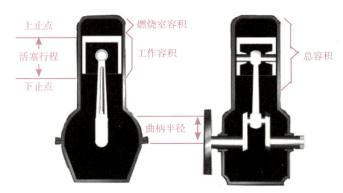

图1-15　发动机的常用术语

● 上止点　活塞在汽缸里做往复直线运动时，当活塞向上运动到最高位置，即活塞顶部距离曲轴旋转中心最远的极限位置，称为上止点。

● 下止点　活塞在汽缸里做往复直线运动时，当活塞向下运动到最低位置，即活塞顶部距离曲轴旋转中心最近的极限位置，称为下止点。

● 活塞行程　活塞从一个止点到另一个止点移动的距离，即上、下止点之间的距离称为活塞行程，一般用S表示。一个活塞行程，对应曲轴旋转180°。

● 曲柄半径　曲轴旋转中心到曲柄销中心之间的距离称为曲柄半径，一般用R表示。通常活塞行程为曲柄半径的2倍。即$S = 2R$。

● 汽缸工作容积　活塞从一个止点运动到另一个止点所扫过的容积，称为汽缸工作容积，一般用V_h表示，单位 L。汽缸工作容积与汽缸直径、活塞行程的关系是：

$$V_h = \pi D^2 S \times 10^{-6}/4$$

式中，D——汽缸直径，单位mm；

　　　S——活塞行程，单位mm。

● 汽缸总容积　活塞位于下止点时，其顶部与汽缸盖之间的容积称为汽缸总容积，一般用V_a表示。显而易见，汽缸总容积就是汽缸工作容积和燃烧室容积之和，即

$$V_a = V_c + V_h$$

式中，V_h——汽缸工作容积；

　　　V_c——燃烧室容积。

● 发动机排量　多缸发动机各汽缸工作容积的总和，称为发动机排量，一般用V_L表示，即

$$V_L = Vi$$

式中，V_h——汽缸工作容积；

　　　i——汽缸数目。

•压缩比　压缩比是发动机中一个非常重要的概念，它表示气体的压缩程度，是气体压缩前的容积与气体压缩后的容积之比，即汽缸总容积与燃烧室容积之比，一般用 ε 表示，即

$$\varepsilon = \frac{V_a}{V_c} = \frac{V_h + V_c}{V_c} \quad 1 + \frac{V_h}{V_c}$$

式中，V_a——汽缸总容积；

　　　V_h——汽缸工作容积；

　　　V_c——燃烧室容积。

通常，汽油机的压缩比为6～10；柴油机的压缩比较高，一般为16～22。

•工作循环　每一个工作循环包括进气、压缩、做功和排气过程，即完成进气、压缩、做功和排气4个过程称为一个工作循环。

二、发动机的工作原理

四中段发动机（含4个行程）的工作过程：进气行程→压缩行程→做功行程→排气行程。

1.进气行程

进气行程是将汽油（或柴油）和空气混合成的可燃气体吸入汽缸。进气行程开始时，进气门打开，排气门关闭，曲轴转动使活塞由上止点向下止点运动，活塞上方容积增大，压力降低。由汽油（或柴油）和空气组成的可燃混合气在压力差的作用下进入汽缸。曲轴转过半周，活塞行至下止点，进气门关闭，进气行程结束。进气终了时其压力为75~90 kPa，混合气温度为370~440 K（1 K=1℃），如图1-16所示。

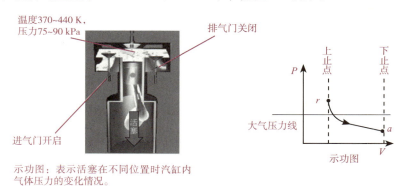

图1-16　进气行程

2.压缩行程

开始时，进、排气门关闭，曲轴继续转动，活塞从下止点向上止点运动，活塞上方容积缩小，压缩可燃混合气使其温度和压力升高。曲轴转过第2个半周，活塞到达上止点，压缩行程结束。压缩行程终了时的压力为600~1 500 kPa，混合气温度为600~800 K。压缩终了时，混合气的压力和温度越高，越有利于提高发动机的动力，如图1-17所示。

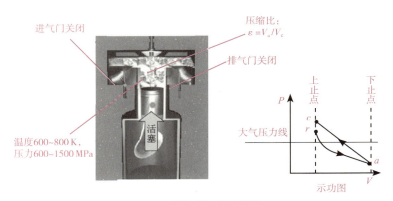

图1-17　压缩行程

3.做功行程

做功行程时，进、排气门仍然关闭，当压缩接近终了时，火花塞发出电火花，可燃混合气被点燃后迅猛燃烧，使燃烧气体的压力和温度急剧升高，推动活塞由上止点向下止点运动，通过连杆使曲轴旋转而对外做功，所以做功行程也称为膨胀冲程。做功行程终了时燃气最高压力可达2 940~4 920 kPa，温度可达2 200~2 800 K。推动活塞向下运动至下止点，曲轴转过第3个半周，做功行程结束，如图1-18所示。

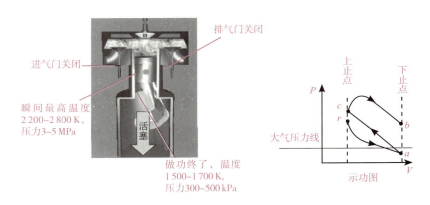

图1-18　做功行程

4.排气行程

排气行程是排除汽缸内膨胀做功后的废气。排气行程开始时，进气门仍关闭，排气门开启，曲轴继续转动使活塞由下止点向上止点运动，把膨胀做功后的废气挤出汽缸。曲轴转过第4个半周，活塞到达上止点，排气行程结束。排气行程终了时压力为105~120 kPa,温度为900~1 200 K，如图1-19所示。

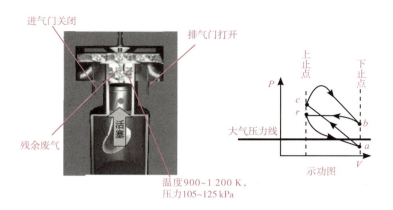

图1-19 排气行程

三、国产汽车发动机的型号编制规则

以发动机编号"2VE65FM"为例，讲解国产汽车发动机的型号编制规则，如图1-20所示。

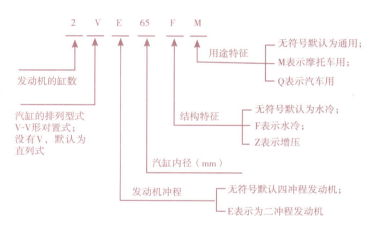

图1-20 型号编制

又如，发动机编号"265"表示：发动机为两个缸，汽缸的排列形式为直列式，为四冲程发动机，汽缸的直径为65 mm，发动机冷却形式为水冷，用途为通用型。

任务检测

一、填空题

1.四冲程发动机依次有_____、_____、_____、_____行程。

2.发动机下止点是指活塞离曲轴回转中心最_____的距离。

3.四冲程发动机完成一个工作循环曲轴旋转_____周。

4.活塞顶部距离曲轴旋转中心的最远位置，称为_____。

二、判断题

1.现代汽车所使用的发动机一般为四冲程、风冷式往复活塞式汽油机或柴油机。

（　　　）

2.发动机编号"2VE65FM"的含意：发动机为两个缸，此发动机为四冲程发动机。

（　　　）

3.燃料供给系统主要担负着供给汽缸可燃混合气，并将废气排出的作用。

（　　　）

4.冷却系统的主要作用是将冷却水循环，在机体处吸收热量并通过散热器散出。

（　　　）

5.上、下止点间距离称作活塞行程。　　　　　　　　　　　（　　　）

6.汽缸总容积是燃烧室容积和汽缸工作容积之和。　　　　（　　　）

7.四冲程发动机每完成一个工作循环，曲轴转动两周（720°）。（　　　）

8.多汽缸发动机的某个汽缸的工作容积，称为发动机排量。　（　　　）

9.发动机每完成一个工作循环，曲轴转动一周。　　　　　（　　　）

评价与反思

评价表

序号	项 目	操作内容	配分	评分标准	得分
1	操作前准备	工具准备情况检查	5	清点工具，摆放到合理位置	
2	基本防护	穿戴的衣物	5	穿工作服、劳保鞋	
3	发动机常用术语	叙述上止点、下止点的意义	8	叙述正确一个得4分，要求叙述准确，表述清晰无异意	
4		叙述活塞行程、曲轴半径的意义	10	叙述正确一个得5分，要求叙述准确，表述清晰无异意	
5		叙述汽缸工作容积、汽缸总容积、燃烧室容积，并说明三者之间的关系	10	叙述错误每处扣2分，三者之间的关系叙述错误扣5分	
6		叙述压缩比含义	7	叙述正确得7分	
7	发动机原理	叙述发动机工作过程，包括进排气门在每个工作行程的状态，活塞的起止点，汽缸内气体状态	20	进排气门状态叙述错误每处扣2分；活塞起止点状态叙述错误每处扣3分；汽缸内气体状态叙述错误每处扣2分；扣完为止	
8	国产发动机型号编制	叙述国产发动机型号编制	15	国产发动机型号编制规则，每一处错误扣5分	

续表

序号	项　　目	操作内容	配分	评分标准	得分
9		物品的掉落	5	掉落一次扣2分，扣完为止	
10	安全文明操作	操作文明	10	操作时有零件损伤，一次扣2分，扣完为止	
11		工作现场5S	5	工具使用后及时放回，工位整洁	
总　　分			100	合　　计	

反思

1.二冲程发动机是怎么工作的呢?

2.国外发动机型号编制规则是怎么样的? 有什么通用规则吗?

项目二 曲柄连杆机构

　　曲柄连杆机构（Crank Train）是发动机的主要运动机构，曲柄连杆机构由机体组、活塞连杆组、曲轴飞轮组组成。其功用是将活塞的往复运动转变为曲轴的旋转运动，同时将作用于活塞上的力转变为曲轴对外输出的转矩，以驱动汽车车轮转动。

任务三　掌握机体组的构造与拆装

任务描述

　　一台发动机若要正常运行，必须依附于一个完整的骨架系统来支撑发动机的工作循环（本书以四冲程发动机为基础：进气—压缩—做功—排气）。而这个骨架结构是发动机各机构和各系统的安装基础，其内、外安装着发动机的所有零件和附件，承受各种载荷。所以，其必需具备足够的刚度和强度。我们把支撑发动机各个机构和系统良好运行的这个骨架系统称为发动机的机体组。本任务将学习机体组的构造，并练习拆卸和装配发动机的机体组。

任务目标

　　完成本任务的学习后，你应能：

★ 说出机体组各部件的名称、作用；

★ 说出机体组的构造；

★ 记住机体组的工作原理；

★ 记住拆装机体组需要使用的工具；

★ 记住机体组的拆装步骤；

★ 记住机体组拆装的技术要求；

★ 独立完成机体组的拆装；

★ 记住实训5S操作。

建议学时：6学时。

相关知识

机体组的基本结构

　　现代汽车发动机的机体组主要由汽缸盖罩、汽缸盖、汽缸体、汽缸垫、油底壳等组成，如图2-1所示。

　　1.汽缸盖

　　汽缸盖一般有整体式、分段式和单体式3种结构形式。

　　作用：与上部密封汽缸一起并

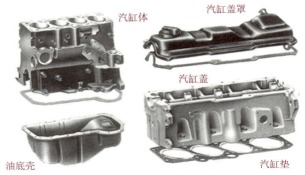

汽缸体　　汽缸盖罩

汽缸盖

油底壳　　汽缸垫

图2-1　机体组的组成部件

构成燃烧室。另外，汽缸盖内的水套和油道也是冷却系统和润滑系统的组成部分。

汽缸盖上加工有进气门座孔、排气门座孔、气门导管孔，用于安装进、排气门，还可能有火花塞安装孔（柴油机的汽缸盖上加工有安装喷油器的孔）。顶置凸轮轴式发动机的汽缸盖上还加工有凸轮轴轴承孔或凸轮轴轴承座及其润滑油道，用以安装凸轮轴。

汽缸盖的结构如图2-2所示。

气门导管孔
排气门座孔
进气门座孔
汽缸盖水孔

图2-2　汽缸盖

汽缸盖一般采用灰铸铁或铝合金铸成，铝合金的导热性好，有利于提高压缩比，所以铝合金汽缸盖被广泛采用。

汽油机燃烧室按结构分为3类，如图2-3所示，其各自的特点见表2-1。

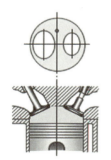
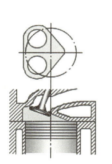
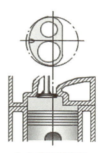

（a）半球形燃烧室　　（b）楔形燃烧室　　（c）盆形燃烧室

图2-3　汽油机燃烧室的分类

> **思考**
>
> 汽缸盖的主要作用是与汽缸形成燃烧室，其最常见的损坏情况是产生裂纹和变形。那么我们应该如何修理呢？

表2-1　半球形、楔形、盆形燃烧室的结构特点

燃烧室的类型	特　点
半球形燃烧室	结构紧凑，火花塞布置在燃烧室中间，火焰行程短，故燃烧速率高，散热少，热效率高。它允许气门双行排列，进气口直径较大，故充气效率较高，排气净化效果好，广泛应用于轿车发动机上
楔形燃烧室	结构简单紧凑，散热面积小，故热损失小，混合气的混合质量高，进气阻力小，提高了充气效率。气门一般排成一列，使配气机构简单，但火花塞置于楔形燃烧室高处，火焰传播距离长。如切诺基轿车发动机
盆形燃烧室	汽缸盖工艺性好，制造成本低，但因气门直径易受限制，进、排气效果要比半球形燃烧室差。如捷达轿车发动机、奥迪轿车发动机

2. 汽缸体（又称机体）

按汽缸排列形式分为：直列式、对置式、V形、W形等。

　　按汽缸结构形式分为：无缸套式、缸套式（干式缸套式和湿式缸套式）。

　　按曲轴箱结构形式分为：平底式、龙门式、隧道式，如图2-4所示，其各自的特点见表2-2。

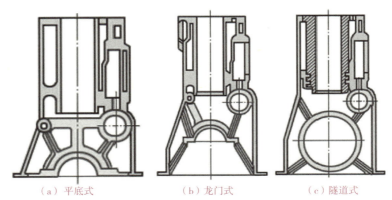

（a）平底式　　　　（b）龙门式　　　　（c）隧道式

图2-4　不同形式曲轴箱机体

表2-2　不同形式曲轴箱的特点

曲轴箱的形式	特　点
平底式	特点：油底壳安装平面和曲轴旋转中心在同一高度 优点：机体高度小，重量轻，结构紧凑，便于加工，曲轴拆装方便 缺点：刚度和强度较差
龙门式	特点：油底壳安装平面低于曲轴的旋转中心 优点：强度和刚度都较好，能承受较大的机械负荷 缺点：工艺性较差，结构笨重，加工较困难
隧道式	特点：曲轴的主轴承孔为整体式，采用滚动轴承，主轴承孔较大，曲轴从汽缸体后部装入 优点：结构紧凑、刚度和强度好 缺点：加工精度要求高，工艺性较差，曲轴拆装不方便

　　3.油底壳（下曲轴箱）

　　作用：储存机油和封闭机体或曲轴箱。

　　材料与形状：一般采用薄钢板冲压而成，其形状取决于发动机的总体布置和机油的容量。

　　油底壳（图2-5）内装有稳油挡板，以防止汽车颠动时油面波动过大。油底壳底部还装有放油螺塞，通常放油螺塞上装有永久磁铁，以吸附润滑油中的金属屑，减少发动机的磨损。在上下曲轴箱接合面之间装有衬垫，防止润滑油泄漏。

　　4.汽缸垫

　　汽缸垫，又称汽缸衬垫，位于汽缸盖与汽缸体之间。

　　作用：保证汽缸盖与汽缸体接触面的密封，防止漏气、漏水和漏油。

图2-5　油底壳

图2-6　汽缸垫

类型：根据材料的不同，汽缸垫可分为金属—石棉衬垫、金属—复合材料衬垫和全金属衬垫等。

材料：汽缸垫的材料要有一定的弹性，能补偿结合面的不平度，以确保密封；同时要有好的耐热性、耐压性和导热性，在高温高压下不烧损、不变形和平衡汽缸盖与缸体的温度。目前应用较多的是金属—石棉结构的汽缸垫。

金属—石棉汽缸垫的安装方向：金属包边多的一面朝向缸体和缸盖中硬的一边，如果缸体和缸盖一样硬则金属包边多的一面朝向易修复的一边安装。

任务实施

一、操作准备

序号	工具、设备名称	型号（品牌）或说明	数量
1	组合工具	世达	1套
2	机油	普通机油	4 L
3	抹布/手套	棉质的普通布	1块
4	油盆	铝制的盆	2个
5	扭力扳手	世达	1只
6	曲轴皮带轮螺栓专用套筒	世达	1只
7	橡胶锤	中号	1把
8	活塞环拆装钳	世达	1个
9	压缩钳	世达	1把
10	零件车	世达	1辆

二、操作过程

1.拆卸前的准备工作

（1）准备好实训的必须工具与零件，如图2-7所示。

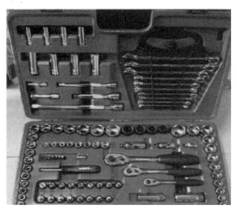

图2-7　组合工具与发动机台架

（2）放出油底壳内机油，如图2-8所示。

图2-8　放机油

（3）拆卸发动机机体外部零件，如图2-9所示。

图2-9　拆卸发动机外部零件

（4）拆卸正时带、带轮（正时链轮或链条）和带传动，如图2-10所示。注意核准正时标记。

图2-10　拆卸传动带

2. 拆卸发动机机体组

（1）拆卸气门室罩，更换气门室罩密封垫，如图2-11所示。

图2-11　拆卸气门室罩

（2）拆卸凸轮轴，如图2-12所示。

> **友情提示**
>
> 拆卸下来的轴承盖一定作好标记并按顺序放好。

图2-12　拆卸凸轮轴

（3）拆下汽缸盖，如图2-13所示。

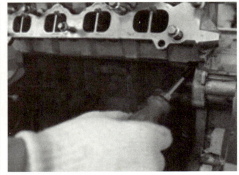

图2-13　拆卸汽缸盖

（4）拆卸汽缸垫，如图2-14所示。

图2-14　拆卸汽缸垫

— 友 情 提 示 —

　　拆卸螺栓的顺序应从两端向中间分次、交叉拧松（注意，缸盖和缸体接合的表面不能撬动，如果需要撬动，只能用缠好胶布的起子撬动缸盖和缸体上用于撬动的专用位置）。

（5）翻转台架，拆卸油底壳和机油泵总成，如图2-15所示。

图2-15　拆卸油底壳

（6）拆卸活塞连杆组，注意汽缸号、朝前记号及拆卸工艺，如图2-16所示。

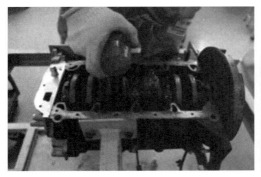

图2-16　拆卸活塞连杆组

（7）拧松主轴承盖螺钉，卸下曲轴飞轮组，注意主轴承盖的安装记号，如图2-17所示。

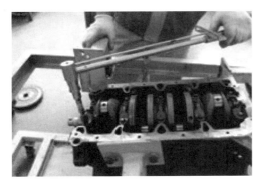

图2-17　拆卸曲轴飞轮组

3. 装配发动机机体组

按照拆卸相反顺序将各部件进行装配。

（1）安装曲轴飞轮组，如图2-18所示。

（2）安装活塞连杆组，注意活塞缸号和朝前记号，如图2-19所示。

图2-18　安装曲轴　　　　　　　　图2-19　安装活塞连杆组

（3）安装机油泵总成以及油底壳，注意油底壳安装前需要先涂抹一层密封胶，如图2-20所示。

图2-20　安装油底壳

（4）安装汽缸盖，紧固螺栓按照从中央到四周的顺序，分几次按规定扭矩拧紧，并注意汽缸垫的安装位置和方向，如图2-21所示。

（5）安装凸轮轴，如图2-22所示。

（6）安装气门室盖罩，如图2-23所示。

（7）清洁整理现场，检查工单，操作完毕。

图2- 21　安装汽缸盖

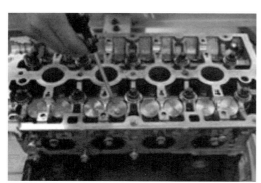

图2-22　安装凸轮轴

图2-23　安装气门室盖罩

任务检测

一、填空题

1.机体的作用是_____，安装_____并承受_____。

2.汽缸体的结构形式有_____、_____、_____3种。

3.机体组包括_____、_____、_____、_____等。

4.汽缸套有_____和_____2种。

二、判断题

1.汽油机常用干式缸套，而柴油机常用湿式缸套。　　　　　　　　　（　　）

2.安装汽缸盖时，应从汽缸盖的两边依次向中央，分2～3次逐步拧紧，最后按规定的拧紧力矩拧紧，确保汽缸体和汽缸盖之间密封。　　　　　　　　　（　　）

3.当缸套装入汽缸体时，一般缸套顶面应与汽缸体上面齐平。　　　　（　　）

评价与反思

评价表

序号	项　目	操作内容	配分	评分标准	得分
1	操作前准备	工具准备情况检查	5	清点工具，摆放到合理位置	
2	基本防护	穿戴的衣物	5	穿工作服、劳保鞋	
3	拆卸机体组	拆卸气门室罩盖	5	零件摆放是否规范	
4		拆卸凸轮轴	5	凸轮轴轴承是否按顺序摆好	
5		拆卸汽缸盖	8	拆卸螺母顺序是否正确	
6		拆卸汽缸垫	5	是否清理缸垫表面	
7		拆卸油底壳及机油泵总成	5	是否翻转台架	
8		拆卸活塞连杆组	10	注意汽缸号、朝前记号及拆卸工艺	
9		拆卸曲轴飞轮组	5	拆卸顺序是否正确	

续表

序号	项　目	操作内容	配分	评分标准	得分
10	安装机体组	安装曲轴飞轮组	7	轴瓦及曲轴箱是否清洗过	
11		放置活塞连杆组	5	不得磕碰曲轴，磕碰一次扣2分	
12		安装油底壳及机油泵总成	5	油底壳涂胶是否均匀	
13		安装汽缸垫及气缸盖	7	螺纹孔是否对正及扭力扳手的使用是否正确	
14		安装凸轮轴	5	不得磕碰凸轮轴，磕碰一次扣2分	
15		安装气门室罩盖	5	螺母是否有遗漏	
16	安全文明操作	物品的掉落	4	掉落一次扣2分，扣完为止	
17		操作文明	10	操作时有零件损伤，一次扣2分，扣完为止	
18		工作现场5S	4	工具使用后及时放回，工位整洁	
总　分			100	合　计	

反思

1. 汽缸盖安装时为什么要按顺序拧紧螺栓？如果缸盖螺栓拧得过紧或者过松会有什么影响？

2. 安装汽缸垫时，为什么要注意位置和方向？如果不对应，会有什么影响？

任务四　掌握活塞连杆组的构造与拆装

任务描述

　　四冲程发动机要正常运行，依附于"进气—压缩—做功—排气"4个冲程的循环工作，在发动机工作的时候，需要形成一个封闭的空间来完成这4个冲程。这个空间的重要组成部分之一便是活塞。而活塞本身不能独立完成一整套的动作来支撑发动机的良好运行，它需要一个连接机构，即连杆，与活塞共同组成活塞连杆组，使发动机的往复运动变为曲轴的旋转运动，同时将作用于活塞上的力转变为曲轴对外输出的转矩，以驱动汽车车轮转动。本任务将学习活塞连杆组的构造，并练习拆卸与装配活塞连杆组。

任务目标

完成本任务的学习后，你应能：

★ 说出活塞连杆组各部件的名称、作用；

★ 说出活塞连杆组的构造；

★ 说出活塞连杆组的运行原理；

★ 记住活塞连杆组拆装需要使用的工具；

★ 记住活塞连杆组的拆装步骤；

★ 记住活塞连杆组拆装的技术要求；

★ 独立完成活塞连杆组的拆装；

★ 记住实训5S操作。

建议学时：8学时。

相关知识

活塞连杆组主要由活塞、活塞环、活塞销及连杆等组成，如图2-24所示。

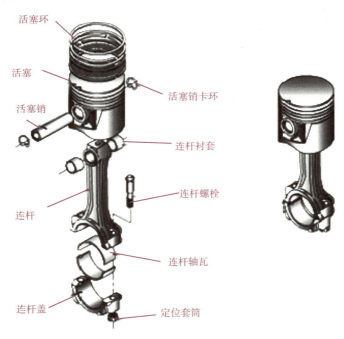

图2-24　活塞连杆组

一、活塞

活塞的基本结构包括顶部、环槽部、裙部和活塞销座4个部分，如图2-25所示。

活塞按顶部结构分为（以汽油发动机为例）平顶、凸顶、凹顶、成型顶4种类型，如图2-26所示。

作用：

①承受汽缸中气体的压力，并将此力通过活塞销传给连杆，推动曲轴转动；

②它把燃烧气体的压力传给曲轴，使曲轴旋转并输出动力；

③活塞的顶部还与汽缸盖、汽缸壁共同组成燃烧室。

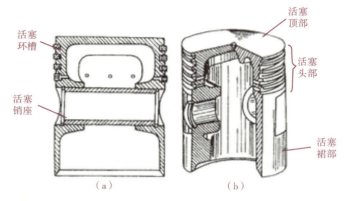

图2-25 活塞的基本结构

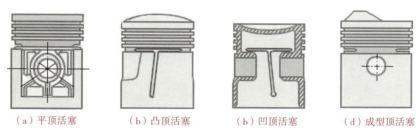

（a）平顶活塞 （b）凸顶活塞 （b）凹顶活塞 （d）成型顶活塞

图2-26 活塞的类型

二、活塞环

活塞环用于嵌入活塞槽沟内部的金属环，活塞环有气环和油环2种，如图2-27所示。

作用：保证活塞与汽缸间的密封，防止汽缸中的高温、高压燃气大量漏入曲轴箱，同时还将活塞顶部的大部分热量传导到汽缸壁，再由冷却水或空气带走。

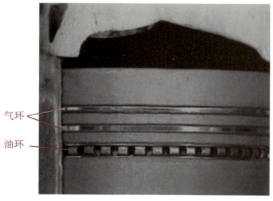

图2-27 活塞环

活塞环的分类

按结构分：整体结构环、组合环、开槽油环、开槽螺旋撑簧油环、钢带组合油环；

按断面形状分：矩形环、桶面环、锥面环、梯形环、扭曲环、反扭曲环等；

按材料分：铸铁环、钢质环。

知识窗

　　油环用来刮除汽缸壁上多余的机油，并在汽缸壁上涂一层均匀的机油膜，这样既可以防止机油窜入汽缸燃烧，又可以减小活塞、活塞环与汽缸的磨损，减轻摩擦阻力。

思考

　　活塞环上都有豁口，安装到活塞环槽内时，密封效果如何？各活塞环的开口处应该怎样处理？

三、活塞销

活塞销是装在活塞裙部的圆柱形销子，如图2-28所示。

作用：用来连接活塞和连杆，并将活塞承受的力传给连杆或相反。

材料：一般为低碳钢或低碳合金钢。

连接方式：全浮式和半浮式，如图2-29所示。

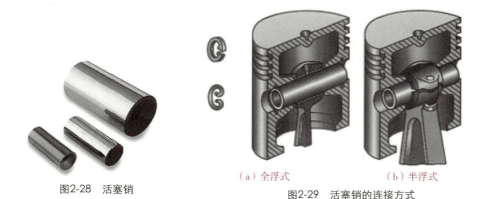

图2-28 活塞销

（a）全浮式　　（b）半浮式

图2-29 活塞销的连接方式

四、连杆组

连杆组包括连杆衬套、连杆、连杆盖、连杆螺栓、连杆轴瓦和连杆螺母等零件，如图2-30所示。

1.连杆

作用：将活塞承受的力传给曲轴，并将活塞的往复运动转变为曲轴的旋转运动。

连杆一般由小头、杆身和大头3部分组成，如图2-31所示。连杆小端与活塞销相连，工作时与活塞销之间有相对运动，小头孔中有连杆衬套（青铜）。在连杆的小端和衬套上钻有小孔（油道），用来润滑小端和活塞销。

通常，连杆杆身做成工字形断面，以增加其强度和刚度，在其中间有润滑油道，如图2-32所示。

连杆大头的切口形式有平切口和斜切口2种，如图2-33所示。

图2-30　连杆组结构

图2-31　连杆示意图

图2-32　连杆工字断面示意图

图2-33　连杆大头切口形式

　　连杆大头的常用定位形式有连杆螺栓定位、止口定位、套筒定位以及锯齿定位4种，如图2-34所示。

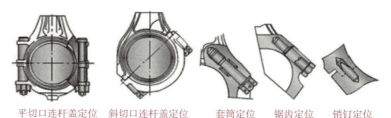

平切口连杆盖定位　　斜切口连杆盖定位　　套筒定位　　锯齿定位　　销钉定位

图2-34　连杆大头定位形式

知 识 窗

　　一般情况，汽油发动机采用平切口连杆，柴油发动机既有平切口连杆也有斜切口连杆。

　　斜切口连杆的结合面与连杆轴线成30°～60°夹角，斜切口连杆的连杆螺栓由于承受较大的剪切力，更容易发生疲劳破坏。

2.连杆轴瓦

　　连杆轴瓦包括连杆上瓦和连杆下瓦，安装在连杆和曲轴的连接部位，起耐磨、连接、支撑、传动的作用，如图2-35所示。

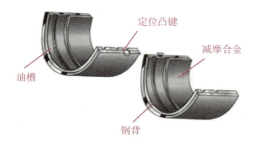

油槽　　定位凸键

减摩合金

钢背

图2-35　连杆轴瓦

> **知识窗**
>
> 连杆轴瓦的装配：
>
> 连杆轴瓦装配时上下的记号不能对错，瓦口的方向不能对反，螺丝需达到相应扭力。连杆的瓦口从正面看在左边，这与曲轴旋转方向和油道位置设置有关。连杆瓦缺口朝油泵方向，活塞箭头方向和连杆有字的方向朝向正时齿轮。

连杆上瓦的内圆柱面上沿周向设置有油槽，油槽对应的圆心角为80°～120°，油槽部的连杆瓦壁上设置有过油孔。

任务实施

一、操作准备

序号	工具、设备名称	型号（品牌）或说明	数量
1	组合工具	世达	1套
2	机油	普通机油	4 L
3	抹布/手套	棉质的普通布	1块
4	油盆	铝制的盆	2个
5	扭力扳手	世达	1只
6	曲轴皮带轮螺栓专用套筒	世达	1只
7	橡胶锤	中号	1把
8	活塞环拆装钳	世达	1个
9	压缩钳	世达	1把
10	吹枪	世达	1把
11	零件车	世达	1辆

二、操作过程

1.拆卸活塞连杆组

（1）准备好实训的工具与零件，如图2-36所示。

拆卸活塞

图2-36　组合工具与发动机台架

（2）使用指针式扭力扳手旋转曲轴到上止点位置，并用铲刀清洁汽缸体上平面，再用抹布由内向外擦，如图2-37所示。

图2-37　调整曲轴位置并清洁汽缸

（3）将指定活塞连杆旋转到上止点位置，检查连杆是否有明显弯曲现象，检查活塞连杆组的序号是否与汽缸体上的序号一致，如无序号，用记号笔标记，如图2-38所示。

图2-38　标记活塞序号

（4）将指定活塞连杆旋转到下止点位置，用抹布清洁汽缸。

（5）翻转台架，使油底壳位置向上，并检查或设置装配标记（如果无原车标记，用记号笔在连杆和连杆轴承盖上作记号），如图2-39所示。

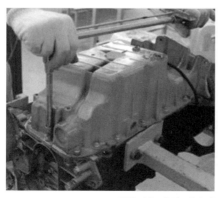

图2-39　拆卸油底壳并对连杆轴承盖标号

（6）用指针式扭力扳手和E10套筒分两次旋松连杆螺母，手旋并取下螺母。用橡胶锤轻敲连杆螺栓，取出连杆盖（注意连杆轴承不要掉落），同时取下下盖上的连杆轴承，如图2-40所示。

图2-40　拆卸连杆盖

（7）用榔头柄在合适的位置推出连杆活塞组（用左手在缸体上平面处扶持住），如图2-41所示。

（8）使用活塞环扩张器拆下两道压缩环，用手拆下组合油环，用铲刀清理活塞顶面积炭。

（9）用抹布清洁活塞连杆、活塞环、连杆轴承（两片，并记住按原来的安装位置摆放）、连杆轴承盖、连杆螺母、汽缸筒和连杆轴颈。

图2-41　取出活塞连杆组

（10）用压缩空气吹净上述清洗零件，如图2-42所示。

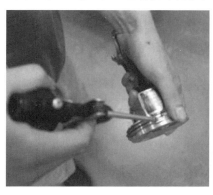

图2-42　清洁活塞

2.装配活塞连杆组

（1）组装活塞环（油环开口直接装配到位，气环开口在安装活塞前错口），将连杆轴承（两片）安装到相应位置。

装配活塞

（2）用压缩空气再次吹汽缸筒，清洁连杆轴颈（用布擦）和连杆上的连杆轴承（用布擦），润滑汽缸筒、活塞裙部、活塞环、活塞销和连杆轴承。

（3）放入活塞安装工具，调整安装工具，按照装配记号放入活塞，用橡胶锤轻轻推入（推入深度与缸体平面齐平），取下活塞安装工具，再次用橡胶锤将活塞推入到位，如图2-43所示。

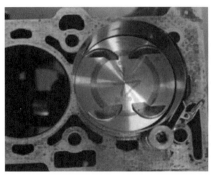

图2-43　活塞入缸

（4）清洁（用布擦）并润滑连杆轴承盖，装入连杆盖，如图2-44所示。

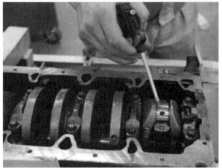

图2-44　安装连杆盖

（5）注意连杆螺母的安装方向，润滑螺母的旋转平面，用手安装连杆螺母，分两次拧紧，再用记号笔标记初始位置后，用角度计转动45°。

（6）转动曲轴，使活塞旋转到上止点位置，确认安装良好，如图2-45所示。

（7）清洁整理现场，检查工单，操作完毕。

图2-45　确认安装完毕

任务检测

一、填空题

1.在活塞连杆组中，连杆的大头、小头分别连接_____和_____。

2.曲柄连杆机构是将_____转变成_____，对外输出动力。

3.活塞环分_____和_____两种，矩形环第一道采用_____。

4.活塞可分为3部分，分别为_____、_____、_____。

二、选择题

1.（　　）连接活塞和连杆小头，并把活塞承受的压力传给连杆。

    A.连杆　　　　　　B.活塞环　　　　　　C.气门　　　　　　D.活塞销

2.下列（　　）不是活塞连杆组的零件。

    A.活塞　　　　　　B.活塞销　　　　　　C.汽缸　　　　　　D.活塞环

三、判断题

1.活塞离曲轴回转中间最近处为上止点。　　　　　　　　　　　　（　　）

2.四冲程发动机每个工作循环曲轴转两转，每一行程曲轴转180°。　（　　）

3.活塞销用来连接活塞和连杆，并把活塞所受的力传给连杆。　　　（　　）

评价与反思

评价表

序号	项　目	操作内容	配分	评分标准	得分
1	操作前准备	工具准备情况检查	5	清点工具，摆放到合理位置	
2	基本防护	穿戴的衣物	5	穿工作服、劳保鞋	
3	拆卸活塞连杆组	用铲刀铲除缸体上平面异物	6	不得磕碰定位销，磕碰一次扣2分	
4		清洁缸体上平面	5	未做扣5分	
5		用记号笔作标记	5	按照顺序作好标记	
6		旋转曲轴	5	活塞是否到规定的上止点位置	
7		拆下连杆轴承盖固定螺栓	5	扭力扳手、棘轮扳手的使用是否规范	
8		拆下连杆轴承盖	5	拆卸顺序是否正确，零件摆放是否整齐	
9		推出活塞	5	木槌柄轻轻敲击连杆大端，推出活塞、连杆总成和上轴承，活塞无损伤，动作正确	

续表

序号	项 目	操作内容	配分	评分标准	得分
10	安装活塞连杆组	清洁活塞连杆组零件	5	是否将压缩空气吹净	
11		安装油环、气环	8	带字母面是否朝上，各环端口是否处于规定位置	
12		加注润滑油	5	是否所有配合间隙都涂抹了润滑油	
13		润滑活塞裙部、活塞销、连杆上轴承	8	润滑油是否涂抹均匀，有无地方遗漏	
14		安装活塞	10	卡箍使用是否正确，活塞是否按正确方向、序列安装	
15	安全文明操作	物品的掉落	4	掉落一次扣2分，扣完为止	
16		操作文明	10	操作时有零件损伤，一次扣2分，扣完为止	
17		工作现场5S	4	工具使用后及时放回，工位整洁	
总 分			100	合 计	

反思

1.活塞环安装时为什么要注意错过端口？如果活塞环装反会有什么影响？

2.安装活塞时，为什么要注意方向和序号？如果不对应，会有什么影响？

任务五　掌握曲轴飞轮组的构造与拆装

任务描述

　　汽车发动机是通过燃烧燃料做功驱动活塞往复运动产生动力，而汽车的行驶需要旋转扭矩来驱动，曲轴飞轮组的作用正是把活塞的往复运动转变为曲轴的旋转运动，为汽车的行驶和其他需要动力的机构输出扭矩。同时，飞轮还能储存能量，用以克服非做功行程的阻力，使发动机运转平稳。本任务将学习曲轴飞轮组的构造，并练习拆卸与装配曲轴飞轮组。

任务目标

完成本任务的学习后，你应能：

★ 说出曲轴飞轮组各部件的名称、作用；

★ 说出曲轴飞轮组的构造；

★ 记住曲轴飞轮组拆装需要使用的工具；

★ 记住曲轴飞轮组的拆装步骤；

★ 记住曲轴飞轮组拆装的技术要求；

★ 独立完成曲轴飞轮组的拆装；

★ 记住实训5S操作。

建议学时：4学时。

相关知识

一、曲轴

曲轴是发动机的重要部件，包括前端轴、主轴颈、连杆轴颈、曲柄、平衡重和后端轴，一个连杆轴颈和它两端的曲柄及主轴颈构成一个曲拐，如图2-46所示。

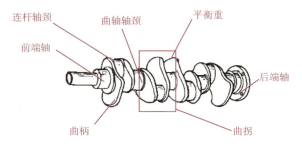

图2-46　曲轴结构

作用：

①把活塞连杆组传来的气体压力转变为扭矩对外输出；

②驱动配气机构及其他附属装置。

分类：

按单元曲拐连接方法不同分为：整体式曲轴、组合式曲轴；

按曲轴主轴的颈数分为：全支承曲轴、非全支承曲轴。

主轴颈是曲轴的支承部分。每个连杆轴颈两边都有一个主轴颈者，称为全支承曲轴（图2-47（a））；主轴颈数等于或少于连杆轴颈数者称为非全支承曲轴（图2-47（b））。

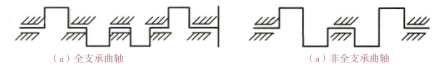

（a）全支承曲轴　　　　　　　　　　（a）非全支承曲轴

图2-47　曲轴的支承形式示意图

材料：大多采用优质中碳钢或中合金碳钢，有的采用球墨铸铁。

曲轴的润滑：曲轴上有贯穿主轴颈、曲柄和连杆轴颈的油道，以便润滑主轴颈和连杆轴颈，如图2-48所示。

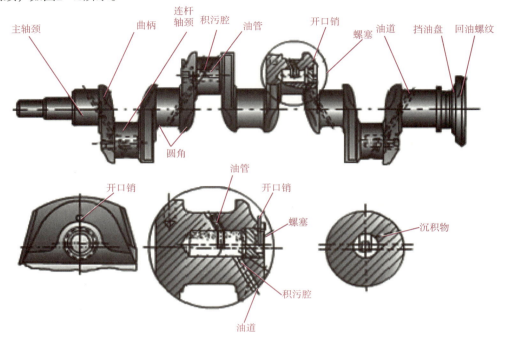

图2-48　曲轴润滑油道

二、飞轮

飞轮为一外缘有齿圈的铸铁圆盘，如图2-49所示。有的飞轮上有一缸上止点记号和点火提前角刻度线（汽油机）或供油提前角刻度线（柴油机），以便调整和检验点火正时。

图2-49　飞轮结构

作用：

①在做功行程中贮存能量，用以完成其他3个行程，使发动机运转平稳；

②利用飞轮上的齿圈啮合起动机的齿轮启动发动机；

③将发动机的动力传给离合器；

④克服短暂的超负荷。

任务实施

一、操作准备

序号	工具、设备名称	型号（品牌）或说明	数量
1	组合工具	世达	1套
2	机油	普通机油	4 L
3	抹布/手套	棉质的普通布	1块
4	油盆	铝制的盆	1个
5	扭力扳手	世达	1只
6	橡胶锤	中号	1把
7	吹枪	世达	1把
8	零件车	世达	1辆
9	记号笔	普通	1支

二、操作过程

1.拆卸曲轴飞轮组

（1）准备好实训的工具与零件，如图2-50所示。

拆卸曲轴

图2-50　组合工具与发动机台架

（2）将汽缸体倒置在工作台上（注意：在桌面上垫上抹布，以防损坏缸体平面），拆卸飞轮，拆卸前用记号笔作好标记，如图2-51所示。

友情提示

拆卸飞轮时，对角分2~3次拧下飞轮上的6个固定螺栓，取下飞轮。

（3）拆卸曲轴密封凸缘，以及凸缘油封，如图2-52所示。

图2- 51　拆卸飞轮

图2- 52　拆卸凸缘与凸缘油封

（4）拆曲轴主轴承盖，如图2-53所示。主轴承盖共有5道（4缸发动机），每道有2个固定螺栓，共10个。

图2- 53　拆卸曲轴主轴承盖

①拆卸螺栓时应按规定顺序分2~3次拧松螺栓，然后拆下主轴承盖螺栓。

②拆下主轴承盖和止推垫片。

③把下轴承和主轴承盖放在一起。

④将拆卸下来的主轴承盖按顺序摆放在一起，如图2-54所示。

（5）抬出曲轴，如图2-55所示。

图2-54　按顺序摆放主轴承盖

图2- 55　抬出曲轴

（6）取下曲轴上轴瓦，如图2-56所示。

—— 友情提示 ——

　　上、下轴承瓦的区别是上轴承有一个油槽和油孔，而下轴承没有。

图2-56　取下上轴瓦

2.装配曲轴飞轮组

（1）在装配曲轴轴承瓦前，先用汽油清洗轴瓦与曲轴箱，如图2-57所示。

装配曲轴

图2- 57　清洁轴瓦与曲轴箱

（2）将清洁好的缸体转至下平面朝上，依次装上5个下轴承瓦，如图2-58所示。

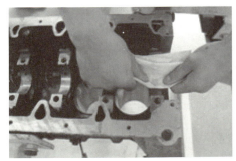

图2- 58　安装下轴承瓦

（3）将轴瓦装至轴承盖中。

（4）在轴瓦与曲轴摩擦表面涂抹一层机油，如图2-59所示。

（5）将曲轴放置在缸体上，如图2-60所示。

友情提示

安放曲轴时，注意曲轴的前后方向，动作要轻。

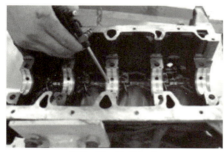 

图2-59　涂抹机油　　　　　　　　　图2-60　安放曲轴

（6）安装曲轴轴承盖。在带止推垫片的轴承盖上安装两个止推垫片，带油槽的一面朝外。安装时应注意轴承盖的顺序和方向，不能互换。每个轴承盖都有代号和向前标记，按顺序拧紧轴承盖螺栓，如图2-61所示。

图2-61　安装轴承盖

（7）安装发动机后油封座圈，如图2-62所示。

（8）安装飞轮，如图2-63所示。飞轮安装时应对正定位孔，否则无法安装；然后按对角分2~3次拧紧飞轮螺栓。

图2-62　安装后油封座圈

图2-63　安装飞轮

（9）清洁整理现场，检查工单，操作完毕。

任务检测

一、填空题

1.曲轴的结构主要由_____、_____、_____、_____等组成。

2.曲轴飞轮组包括_____、_____等。

3.四缸四冲程发动机的做功顺序一般是_____或_____。

二、判断题

1.当飞轮上的点火正时记号与飞轮壳上的正时记号刻线对准时，第一缸活塞无疑正好处于压缩行程上止点位置。　　　　　　　　　　　　　　　　　　　　　（　　）

2.多缸发动机的曲轴均采用全支承。　　　　　　　　　　　　　　　　　（　　）

3.多缸发动机曲轴曲柄上均设置有平衡重块。　　　　　　　　　　　　　（　　）

评价与反思

评价表

序号	项　目	操作内容	配分	评分标准	得分
1	操作前准备	工具准备情况检查	5	清点工具，摆放到合理位置	
2	基本防护	穿戴的衣物	5	穿工作服、劳保鞋	
3	拆卸曲轴飞轮组	拆飞轮	10	是否分2～3次，按对角拧下螺母	
4		拆曲轴后油封凸缘	5	棘轮扳手使用是否规范	
5		拆曲轴主轴承盖	10	拆卸螺栓时是否按规定顺序分2～3次拧松螺栓，轴承盖是否按顺序放好	
6		取下曲轴上轴瓦	10	轴瓦是否对应轴承盖放好	

续表

序号	项　目	操作内容	配分	评分标准	得分
7	安装曲轴飞轮组	安装曲轴上轴瓦	10	轴瓦及曲轴箱是否清洗过	
8		放置曲轴	10	不得磕碰曲轴，磕碰一次扣2分	
9		安装曲轴主轴承盖	6	轴承盖的安装方向顺序是否正确	
10		安装曲轴后油封座圈	6	螺纹孔是否对正	
11		安装飞轮	5	是否按2～3次分对角拧紧螺栓	
12	安全文明操作	物品的掉落	4	掉落一次扣2分，扣完为止	
13		操作文明	10	操作时有零件损伤，一次扣2分，扣完为止	
14		工作现场5S	4	工具使用后及时放回，工位整洁	
总　分			100	合　计	

反思

1.安装曲轴时，止推垫片的作用是什么？安装时需要注意哪些问题？

2.上轴瓦与下轴瓦的区别是什么？

项目三　配气机构

配气机构的作用是按发动机的工作循环和发火顺序的要求，定时打开和关闭每个汽缸的进气门和排气门，使可燃混和气（汽油机）或新鲜空气（柴油机）及时进入发动机汽缸，同时使燃烧后的废气及时排出汽缸。燃烧废气排出越充分（即残余废气系数越小），进入发动机的混和气或空气量越多，即各汽缸换气过程越良好，充气系数就越高，这样可提高发动机的输出功率，同时降低油耗和有害排放物质的排放。

任务六　掌握气门组的构造与拆装

任务描述

　　发动机正常工作以后，需要吸入新鲜的可燃混合气进入发动机汽缸与燃油一起燃烧。待燃烧完成以后，发动机还要及时将燃烧所产生的废气排出汽缸。发动机按照进气→压缩→做功→排气……如此循环工作，像人呼吸一样，而实现汽缸开关功能的部件就是气门组。本任务将重点学习气门组的构造与拆装，并练习拆装气门组。

任务目标

　　完成本任务的学习后，你应能：

　★ 描述气门组零件的名称、作用；

　★ 说出气门组的结构组成；

　★ 描述气门组的密封以及打开原理；

　★ 记住气门组拆装的技术要求；

　★ 独立完成气门组的拆装；

　★ 记住实训5S操作。

　　建议学时：6学时。

相关知识

　　气门组由气门、气门弹簧下座圈、气门导管、气门弹簧、气门油封、气门弹簧座、气门锁片（或锁销）等组成，如图3-1所示。

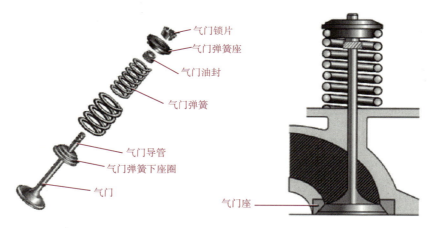

图3-1　气门组

一、气门

气门是燃烧室的组成部分，分为进气门和排气门两种。

作用：密封进、排气道。

气门由头部、杆身和带密封锥面的气门盘组成，如图3-2所示。头部用来封闭进、排气道，杆身用来在气门开闭过程中起导向作用。

气门要能承受高温、高压、高速气流冲击。工作时进气门的温度为300~400℃，排气门的温度为600~800℃。气门还要能承受气体压力、气门弹簧力及气门传动组零件惯性力，而且它的冷却和润滑条件较差，还有可能被汽缸中燃烧生成物中的物质所腐蚀。进气门一般用铬钢或铬镍钢制造，排气门一般用硅铬钢制造。

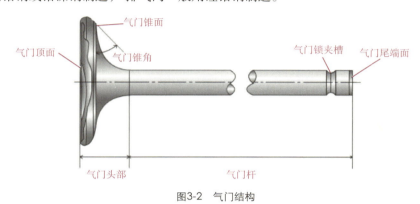

图3-2　气门结构

1.气门头部

气门头部按形状不同可以分为凸顶、平顶、凹顶3种，如图3-3所示，其各自的特点见表3-1。

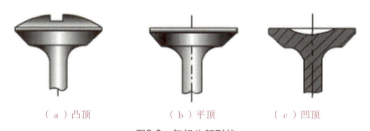

（a）凸顶　　　　　　　（b）平顶　　　　　　　（c）凹顶

图3-3　气门头部形状

表3-1　各种气门头部的特点

形　状	特　　点
凸顶	凸顶的刚度大，受热面积也大，排气阻力小，排气效果好，但是加工复杂，一般用于排气门
平顶	结构简单，制造方便，吸热面积小，质量较轻，应用得最多，进、排气门都可以采用
凹顶	也称漏斗形，其质量轻、惯性小，头部与杆部呈流线型，可以减少进气阻力，对气门座的适应性好，容易获得较好的磨合，但受热面积大，容易过热及受热易变形，所以只适用于进气门

2.气门密封锥面与锥角

气门密封锥面与气门顶平面的夹角称为气门锥角，如图3-4所示。常用的气门锥角为30°和45°，如图3-5所示。

作用：

（1）圆锥面可以获得较大的气门座合压力，以提高密封性和导热性。

（2）锥面可以使气门落座时有自动定位作用。

（3）锥面可以使气流阻力减小。

（4）有了锥角，气门落座时能够通过挤压挤掉沉积物，起到自洁的作用。

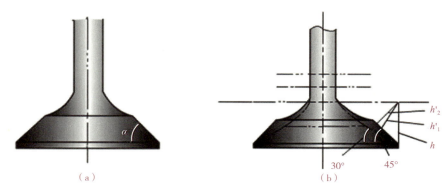

图3-4　气门锥角

图3-5　常用气门锥角

3.气门头边缘厚度

锥角越大，气门落座压力就越大，密封性和导热性也就越好。而且，锥角大时，气门头部边缘的厚度大，不易变形。反之，气门锥角越小，边缘厚度就越小，强度就越差。

4.气门杆

气门杆（图3-6）在气门导管中穿过，并与气门导管保持正确的配合间隙，气门杆的尾端开有槽，用于安装气门锁片。气门杆有较低的表面粗糙度和较高的加工精度，以减小磨损和起到良好的导向、散热作用。气门尾端有锁止

友情提示

进气阻力比排气阻力对发动机性能的影响大得多，为尽量减小进气阻力，进气门直径要大于排气门直径。气门头部直径越大，气门口通道截面就越大，进、排气阻力就越小。排气门比进气门小，厚度越大越不易变形。

思考

如何区分进气门和排气门呢？进气门和排气门是一样大的吗？

装置，用于安装气门锁片，从而锁紧气门弹簧和气门弹簧座。

二、气门导管

作用：

①给气门提供导向，就像火车和铁轨的关系。

②给气门杆传递热量。

材料：用含墨较多的铸铁或粉末冶金制成。石墨粉本来就是
一种润滑剂，磨损时会产生微小的磨粒可以自润滑。

图3-6　气门杆

气门导管采用防脱落结构，一般有两种形式：一种是采用无
台肩的圆柱形导管，另一种是带凸台和卡环的导管。无台肩的圆柱形气门导管加工精度较
高，与缸盖（体）采用过盈配合，这样既能防止松脱又可以保证良好的传热；而带凸台和
卡环的气门导管，因为有卡环压住不容易脱落，所以过盈量较小，便于拆装。

三、气门油封

发动机高速运行时，汽缸中的真空度增大，气门室里面的机油可能会
通过气门杆与导管之间的间隙进入进气管和汽缸内，造成机油的燃烧，而
且还会在气门上和燃烧室内产生积碳。所以，发动机的气门杆上部都有气
门油封防止机油渗漏，如图3-7所示。

图3-7　气门油封

四、气门座

与汽缸盖的进、排气道结合的同时又与气门锥面相结合的部位称为气门座，如图3-8
所示。

图3-8　气门座

图3-9　气门弹簧

五、气门弹簧

气门弹簧如图3-9所示。

作用：

①使气门能够自动回位关闭从而实现密封。

②气门开启时，缓冲传动件产生的惯性力，防止各种传动件分离而导致配气机构不能
正常工作。

类型：

双气门弹簧：采用两根直径不同、旋向相反的内外弹簧。

图3-10 气门组密封原理图

不等螺距弹簧：由于螺距不相等，螺距小的一端逐渐叠合，有效圈数逐渐减小，自然频率也就逐渐提高，有效地防止了共振。

等螺距的单弹簧：为了防止共振，在内圈上加了一个阻尼片，优点是成本低。

六、气门组密封原理

气门组依靠的是气门弹簧提供的弹力，使得气门锁片与气门弹簧座自锁的同时又向上拉扯了气门，此时气门锥面与气门座圈锥面产生座合力，从而实现了进、排气口的密封，如图3-10所示。

任务实施

一、操作准备

序号	工具、设备名称	型号（品牌）或说明	数量
1	气门钳	世达	1把
2	机油	普通机油	1 L
3	抹布/手套	棉质的普通布	2块
4	油盆	铝制的盆	2个
5	记号笔	普通即可	1支
6	吹枪	世达	1支
7	吸铁棒	世达	1支
8	尖嘴钳	中号	1把
9	零件车	世达	1辆

二、操作过程

1.拆卸气门组

（1）准备好实训的工具与零件，如图3-11所示。

拆卸气门组

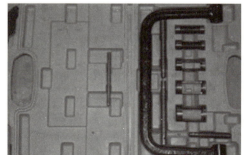

图3-11 气门钳和汽缸盖

（2）用记号笔在汽缸盖上的液压挺住上作好标记，如图3-12所示。

— 友情提示 —

用记号笔作标记时一定要先清洁。

（3）用胶布缠绕在吸铁棒上，然后用吸铁棒吸出液压挺柱并按顺序放入油盆，如图3-13和图3-14所示。

图3-12　液压挺柱

图3-13　吸出液压挺柱　　　　　图3-14　整齐摆放液压挺柱

（4）将气门钳组装好，然后安装到汽缸盖上，如图3-15和图3-16所示。

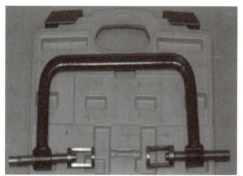
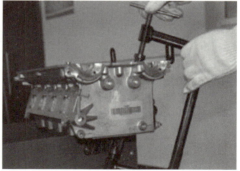

图3-15　气门钳组装　　　　　图3-16　气门钳安装

— 友情提示 —

①组装气门钳时，有孔的螺钉应装在上部，且螺钉的孔应该在上面。

②选择套筒时，要根据气门的大小与气门弹簧上座选择。

③进气门与排气门头部不是一样大的。

（5）顺时针旋转气门钳上侧，一直到露出气门锁片后用吸铁棒吸出，最后逆时针拆下气门钳，如图3-17和图3-18所示。

（6）拆下气门、气门弹簧、气门锁片等，并按照顺序摆放好，如图3-19和图3-20所示。

友情提示

若不能吸出气门锁片，请试着左右摇晃一下气门钳。

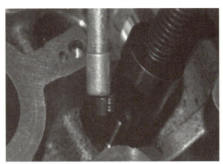

图3-17　吸出气门锁片

图3-18　吸出气门锁片

图3-19　拆卸气门

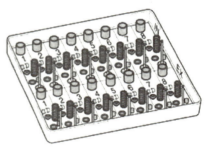

图3-20　气门组件

2.装配气门组

（1）将拆下的汽缸盖与气门组件用汽油洗干净，并用吹枪吹干后在相对运动部位抹上机油，如图3-21所示。

装配气门组

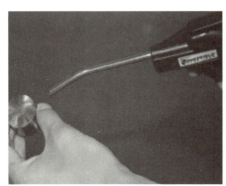

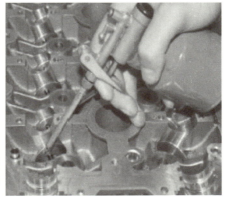

图3-21 零部件清洁

（2）依次安装上气门、气门弹簧与气门弹簧上座，然后安装气门钳，如图3-22和图3-23所示。

友情提示

安装气门组时，注意清洁一个安装一个，不然容易弄混。

图3-22 弹簧安装　　　　　　　　图 3-23 安装气门钳

（3）顺时针旋转气门钳上部的螺钉到合适位置，然后用尖嘴钳将气门锁片放入气门杆与气门弹簧上座的间隙中，最后逆时针转动气门钳上部的螺钉并拆下气门钳，就完成了一个气门的安装，如图3-24和图3-25所示。

图3-24 气门锁片安装

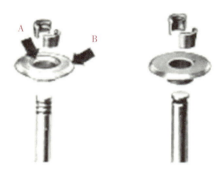

图3-25　锁片安装示意图

（4）最后用橡胶锤轻轻敲击一下刚装上的气门顶部，如图3-26所示。

图3-26　敲击气门顶部

任务检测

一、填空题

1.在配气机构的气门组中，气门可分为_____和_____两种。

2.气门由_____和_____组成。头部的作用是_____；
杆身的作用是_____。

3.发动机配气机构中的气门组主要由_____、_____、_____、_____、
_____和_____等组成。

4.气门顶面的形状有_____种，分别是_____、_____、_____、_____。

二、判断题

1.进气门头部要比排气门头部大些。　　　　　　　　　　　　（　　）

2.拆卸气门组零件时要在气门上作上标记。　　　　　　　　　（　　）

3.安装气门时应在气门杆上涂抹少量的机油。　　　　　　　　（　　）

4.气门弹簧的作用是关闭进排气门，并且使气门紧压在气门座上，目的是防止气门在
发动机震动时发生跳动。　　　　　　　　　　　　　　　　　（　　）

评价与反思

评价表

序号	项 目	操作内容	配分	评分标准	得分
1	操作前准备	工具准备情况检查	5	清点工具，摆放到合理位置	
2	基本防护	穿戴的衣物	5	穿工作服、劳保鞋	
3	组装气门钳	气门钳套筒的选择	5	根据气门弹簧上座与气门头部的大小选择套筒，区分进、排气门	
4		气门钳的组装	5	气门钳套筒的选择，气门钳螺钉有孔的在上部	
5	拆卸气门组	作标记	5	按照顺序作好标记	
6		用吸铁棒吸出并按顺序摆放好	5	吸铁棒头部应该有胶布缠绕	
7		将气门钳安装到汽缸盖上	2	安装时汽缸盖摆放稳定	
8		气门锁片的拆卸	6	顺时针旋转气门钳上部螺钉，下压量为0.3 mm左右	
9		气门锁片的取出	5	用吸铁棒取出锁片时左右摇晃气门钳	
10	安装气门组	气门弹簧、气门、气门弹簧上座的取出	5	汽缸盖摆放稳定，零件无掉落。取出后摆放顺序无误	
11		零部件的清洁	6	是否先用汽油洗净后再用高压空气吹干，是否在运动部位涂抹上机油	
12		安装气门、气门弹簧与气门弹簧上座	8	气门、气门弹簧等位置选择正确	
13		气门钳的安装	5	正确选择套筒，下压量正确	
14		锁片、挺柱的安装	15	正确放入锁片，5次内成功；拆下气门钳时用手按压住锁片	
15	安全文明操作	物品的掉落	4	掉落一次扣2分，扣完为止	
16		操作文明	10	操作时有零件损伤，一次扣2分，扣完为止	
17		工作现场5S	4	工具使用后及时放回，工位整洁	
总 分			100	合 计	

反思

1. 气门安装完成后为什么还要敲击几下呢？不敲击会有哪些不良影响？
2. 气门弹簧上下的大小为什么不一样呢？

任务七　掌握气门传动组的构造与拆装

任务描述

当发动机工作时，需要配气机构与曲柄连杆机构精确配合，控制气门的打开与关闭，这样可以实现发动机进气、压缩、做功、排气4个冲程有序进行，然而这一过程需要气门传动组根据曲轴的运转状况来确定。当某一汽缸处于进气行程时，对应的进气凸轮必须控制进气门打开，排气门关闭。本任务将学习气门传动组的构造，并练习拆卸和装配气门传动组。

任务目标

完成本任务的学习后，你应能：

★ 记住气门传动组零件的名称与作用；

★ 记住配气机构的分类方式；

★ 记住气门传动组各零件之间的装配关系；

★ 描述气门传动组的工作过程；

★ 记住气门传动组的拆装技术要求；

★ 描述气门传动组的类型；

★ 独立完成气门传动组的拆装；

★ 记住实训5S操作。

建议学时：6学时。

相关知识

一、气门传动组的组成

气门传动组由凸轮轴、正时齿轮、挺柱、正时齿轮等零件组成，如图3-27所示。

二、配气机构分类

1.气门布置形式

气门布置形式见表3-2。

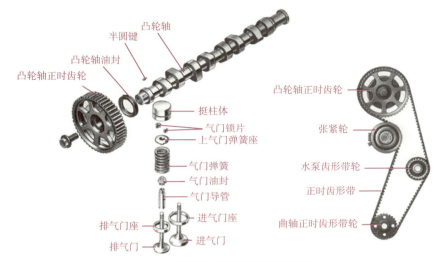

图3-27 气门组及气门传动组

表3-2 气门布置形式

气门布置形式	气门顶置式	气门侧置式
图 片		
特 点	气门倒装在汽缸盖上，气门行程大，燃烧室紧凑，提高压缩比，改善动力	气门装在汽缸体一侧，燃烧室不紧凑，进气阻力大，已经淘汰

2.凸轮轴布置形式

凸轮轴布置形式见表3-3。

表3-3 凸轮轴布置形式

凸轮轴布置形式	凸轮轴下置	凸轮轴中置	凸轮轴上置
图 片			

续表

凸轮轴布置形式	凸轮轴下置	凸轮轴中置	凸轮轴上置
特　点	曲轴与凸轮轴之间采用齿轮传动，传动简单可靠，有利于发动机的布置，但动力传递路线较长，不适用于高速发动机	曲轴与凸轮轴之间采用齿轮传动或链轮传动，可减少气门传动机构的往复运动质量，适用于低速发动机	曲轴与凸轮轴之间传动路线长，汽缸盖拆卸困难，往复运动惯性小，适用于高速发动机

3.凸轮轴的传动方式

凸轮轴的传动方式见表3-4。

表3-4　凸轮轴的传动方式

传动方式	图　例	传递路线	应　用	特　点
齿轮传动		曲轴正时齿轮—凸轮轴正时齿轮	凸轮轴下置、中置式配气机构	传动效率高，啮合平稳，噪声小，斜齿，制造安装方便
链条传动		曲轴链轮—链条—凸轮轴正时链轮	凸轮轴上置式配气机构	噪声小，传动平稳性较差，有冲击，价格较贵，适用于远距离传动
齿形带传动		曲轴正时带轮—齿形带—凸轮轴正时带轮	凸轮轴上置式配气机构	传动比准确，效率高，不需要润滑，噪声小，工作可靠，成本低，需定期保养更换，广泛使用于高速发动机

三、凸轮轴

凸轮轴是气门传动组中最主要的零件，用来驱动和控制各缸气门的开启和关闭，使其满足发动机的工作次序、配气相位及气门开度的变化等要求。

由于凸轮控制气门周期性的打开与关闭，因此凸轮表面要耐磨、耐冲击，凸轮轴要有足够的韧性和刚度。凸轮轴上的凸轮数量因发动机结构形式不同而不同，如科鲁兹发动机采用双进双排的布置形式，长安JL465Q发动机采用单顶置凸轮轴，如图3-28所示。

当需要分析发动机的做功顺序时，可以根据凸轮轴的凸桃布置形式进行分析。图3-28的右侧为凸轮轴进气凸桃的轴向投影，由于凸轮轴逆时针方向转动，根据每个凸桃代表的汽缸可以观察出发动机做功顺序为1-3-4-2。

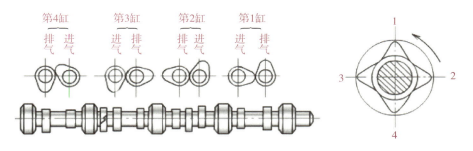

图3-28　凸轮轴的排列及相对角位置

四、凸轮轮廓

气门开启到关闭的持续时间必须符合配气相位的要求，这是由凸轮的轮廓来保证的，而且凸轮的轮廓还在很大程度上决定了气门的最大升程和升降运动规律。

在凸轮轮廓中，O为凸轮轴的回转中心，圆弧EA称为凸轮轴的基圆部分，AB和DE称为凸轮的缓冲段，BCD为凸轮的工作段，C点为气门的最大升程位置，如图3-29所示。

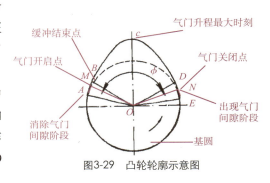

图3-29　凸轮轮廓示意图

工作过程：当凸轮按逆时针方向转动时，圆弧EA部分时挺柱处于最低位置不动，气门处于关闭状态。凸轮转至A点时，挺柱开始移动。继续转动，在缓冲段AB内的某点M处消除气门间隙，气门开始开启，至C点时气门开度最大，而后逐渐关闭，至缓冲段DE内某点N时，气门完全关闭。此后，挺柱继续下落，出现气门间隙，至E点时挺柱又处于最低位置。

五、挺柱

挺柱位于凸轮与气门杆之间，它主要的作用是将凸轮的推力传递给气门杆，同时调节气门杆与凸轮之间的间隙；承受凸轮轴旋转所施加的侧向力。

挺柱根据工作原理的不同可以分为机械挺柱与液压挺柱。

液压挺柱（图3-30）的工作主要依靠机油压力、挺柱体与座孔间隙、气门杆与挺柱间隙及挺柱内止回球阀。液压挺柱刚开始工作时，由于腔内无油压，故挺柱柱塞处在最底部，挺柱与气门间隙较大，气门产生短时异响。随着发动机的运转，在机油压力的作用下，挺柱内柱塞腔内充注油液，柱塞下行，挺柱有效工作长度增加，气门间隙减小。由于挺柱内柱塞所产生的力较小，不能产生压缩气门弹簧的力量，所以，当挺柱与气门间隙达到很小时，挺柱不再运动。同时又因挺柱内止回球阀的作用，挺柱柱塞腔内的油压不能迅速排出，使得柱塞保持在原位不动并维持原有长度形成刚性，从而推动气门打开。随着发动机的运转，气门间隙保持一定间隙，消除了气门异响，如图3-31所示。

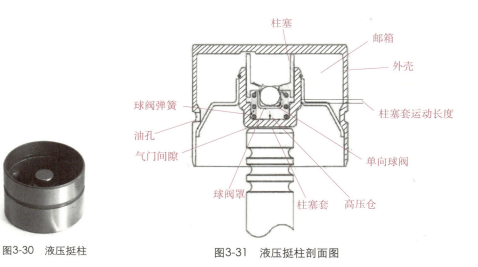

图3-30 液压挺柱

图3-31 液压挺柱剖面图

任务实施

一、操作准备

序号	工具、设备名称	型号（品牌）或说明	数量
1	120件套	世达	1套
2	扭力扳手	世达	1把
3	正时皮带张紧器杆	普通	1把
4	密封胶	普通	1个
5	橡胶锤	普通	1把
6	凸轮轴正时齿轮锁止工具	普通	1把
7	凸轮轴锁止工具	普通	1把

二、操作过程

1.拆卸气门传动组

（1）拆下点火线圈总成与气门室罩盖，如图3-32所示。

拆卸凸轮轴

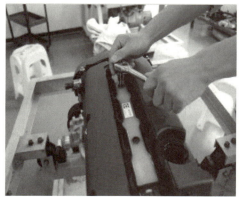

图3-32 拆卸点火线圈与气门室罩盖

（2）用内六角转动皮带张紧轮泄力，然后用专用工具锁止取下皮带，拆下皮带张紧轮，如图3-33所示。

友情提示

用内六角顺时针转动皮带张紧轮。

图3-33　拆卸传动皮带

（3）拆下正时皮带罩盖，如图3-34所示。对准曲轴扭转减震器标记并拆卸曲轴皮带轮，如图3-35所示。

（4）取下正时皮带轮下罩盖，如图3-36所示。

（5）用专用工具锁止正时皮带张紧轮拆下正时皮带，如图3-37所示。

图3-34　拆卸正时皮带罩盖

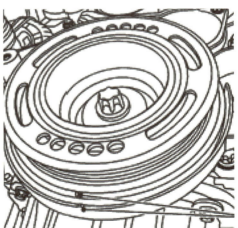

图3-35　对准标记并拆卸皮带轮

图3-36　拆卸正时皮带轮下罩盖

图3-37　拆卸张紧轮

（6）用专用工具锁止进排气凸轮轴正时齿轮，然后作好标记拆下齿轮，如图3-38所示。

图3-38　锁止凸轮轴以及标记

（7）按照顺序拆下凸轮轴轴承盖螺栓，如图3-39所示，并用橡胶锤轻敲几下。

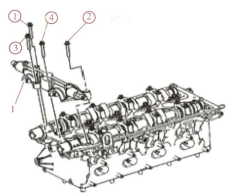

图3-39 拆卸顺序

（8）在进排气凸轮轴上作好标记，如图3-40所示。拆下凸轮轴锁止工具，并按照顺序拆下凸轮轴轴承盖，如图3-41所示。

图3-40 标记进排气凸轮轴

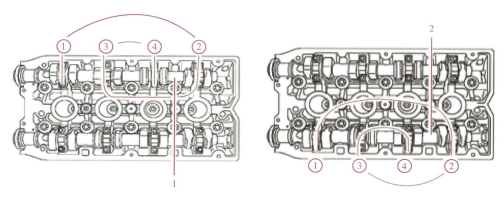

图3-41 凸轮轴轴承盖拆卸顺序

2.装配气门传动组

（1）将进排气凸轮轴、凸轮轴轴承盖、轴承盖螺栓等用汽油洗净后吹干净，然后按照要求安放到汽缸盖上，如图3-42所示。

装配凸轮轴

图3-42　安装凸轮轴与轴承盖

（2）拧紧凸轮轴轴承盖螺栓，如图3-43所示。

图3-43　拧紧凸轮轴轴承盖

（3）涂抹密封胶安装进排气凸轮轴轴承盖，安装进排气凸轮轴油封，如图3-44所示。

图3-44　安装凸轮轴油封

（4）用专用工具锁止进排气凸轮轴，如图3-45所示。

图3-45　锁止凸轮轴

（5）安装正时齿轮内罩盖与凸轮轴正时齿轮和锁止工具，然后拧紧正时齿轮紧固螺钉与油封螺钉，如图3-46所示。

友情提示

在安装链轮时必须注意让左边的点式标记高于右侧的凹槽标记。

图3-46　安装凸轮轴正时齿轮

（6）安装曲轴正时齿轮，注意对准记号，如图3-47所示。

图3-47　凸轮轴正时齿轮标记

（7）将张紧轮逆时针转动并锁止并安装正时皮带，如图3-48所示。

图3-48　安装正时皮带

（8）安装正时皮带罩壳与曲轴皮带轮，如图3-49所示。

（9）安装正时皮带罩壳与气门室罩壳。

—— **友情提示** ——

安装正时皮带时注意方向。

图3-49　安装皮带轮

（10）安装张紧轮、皮带、皮带轮等。

（11）复装发动机其他部分。

任务拓展

一、什么是配气相位

在汽车行驶过程中，发动机一直都处于变速运行的过程中，那么发动机在一个运行周期内的气门开闭时刻就不能简单地用时间来表示。一般用曲轴转角表示发动机进、排气门开闭时刻及开启的持续时间，称作配气相位，如图3-50所示。

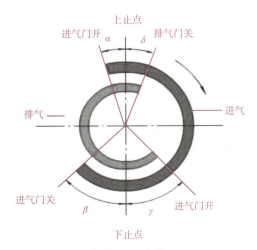

图3-50　配气相位

二、进气门的配气相位

1.进气提前角

定义：从进气门开始开启到活塞运行至上止点所对应的曲轴转角称为进气提前角（气门早开角）。气门提前角用 α 表示，α 一般为$10° \sim 30°$。

目的：减少进气阻力，让进气更加充分，提高发动机功率。

2.进气滞后角

定义：从活塞运行至下止点开始到进气门关闭所对应的曲轴转角称为进气滞后角（进气晚关角）。进气滞后角用 β 表示，β 一般为$40° \sim 80°$。

目的：①利用压力差继续进气。活塞到达下止点时，由于进气阻力的影响，汽缸内的压力仍然低于大气压力，进气门晚关可以继续进气。

②利用进气惯性继续进气。活塞到达下止点时，进气气流还有相当大的惯性，目的是延长进气时间，使进气更加充分。

3.进气持续角

进气门开启持续时间内曲轴的转角，即进气持续角为$\alpha+180° +\beta$。

三、排气门的配气相位

1.排气提前角

定义：在做功行程的后期，活塞到达下止点前，排气门提前打开。从排气门开始开启到活塞运行至下止点所对应的曲轴转角称为排气提前角（气门早开角）。排气提前角用 γ 表示，γ 一般为$40° \sim 80°$。

目的：

①利用汽缸内的废气压力提前自由排气。

②减少排气消耗的功率，使排气更加充分。

③高温废气的早排，防止发动机过热。

2.排气滞后角

定义：在活塞越过上止点后，排气门才关闭。从活塞运行至上止点开始一直到排气门关闭所对应的曲轴转角称为排气滞后角（气门晚关角）。排气滞后角用 δ 表示，δ 一般为$10° \sim 30°$。

目的：

①利用缸内外压力差继续排气。活塞到达上止点时，汽缸内的压力仍然高于大气压，利用缸内外压力差可继续排气。

②利用惯性继续排气。活塞到达上止点时，废气流有一定的惯性，利用惯性可继续排气，所以排气门适当晚关可使废气排得更加干净。

气门开启持续时间内的曲轴转角，排气持续角为 $\gamma +180° + \delta$。

四、气门重叠角

定义：由于进气门早开和排气门晚关，就出现了一段进、排气门同时开启的现象，称为气门重叠角。同时开启的角度，即进气门提前角与排气滞后角的和（$\alpha + \delta$），称为气门重叠角。

任务检测

一、填空题

1. 配气机构由_____和_____两部分组成。

2. 配气机构按每缸气门的数量，可分为_____和_____。

3. 配气机构按凸轮轴的位置，可分为_____、_____和_____。

4. 配气机构按曲轴和凸轮轴的_____，可分为_____、链条传动式和同步齿形带传动式。

5. 挺柱通常可以分为_____与_____两种，_____不用调整气门间隙。

二、选择题

1. 气门的关闭是由（　　　）来完成的。

   A. 气门弹簧　　　　B. 摇臂　　　　　C. 推杆　　　　　D. 挺杆

2. 由于曲轴与凸轮轴的传动比为2∶1，因此装于凸轮轴上的正时齿轮的齿数是曲轴正时齿轮齿数的（　　　）。

   A. 1/2　　　　　　B. 1/4　　　　　　C. 2倍　　　　　D. 4倍

3. 四缸发动机同名凸轮间夹角为（　　　）。

   A. 60°　　　　　　B. 90°　　　　　　C. 120°　　　　　D. 180°

4. 下列各零件不属于气门组的是（　　　）。

   A. 气门弹簧　　　　B. 气门　　　　　C. 气门弹簧座　　　D. 凸轮轴

5. 配气机构运行的动力是（　　　）提供的。

   A. 气门弹簧　　　　B. 挺柱　　　　　C. 曲轴　　　　　D. 蓄电池

评价与反思

评价表

序号	项目	操作内容	配分	评分标准	得分
1	操作前准备	工具准备情况检查	5	清点工具，摆放到合理位置	
2	基本防护	穿戴的衣物	5	穿工作服、劳保鞋	
3	拆卸气门传动组	拆卸正时皮带	4	操作时转动角度合适，锁止到位	
4		拆卸正时皮带罩壳	5	工具选择准确，对角拆卸	
5		拆卸曲轴皮带轮	5	安装到位	

续表

序号	项 目	操作内容	配分	评分标准	得分
6	拆卸气门传动组	安装曲轴正时齿轮锁止工具	5	安装到位	
7		拆卸进排气凸轮轴正齿轮	5	油封齿轮无损伤，动作正确	
8		拆卸凸轮轴轴承盖	5	分2~3次拧松，摆放正确	
9		凸轮轴标记	3	标记清楚	
10	安装气门传动组	零件清洁	4	凸轮轴、轴承盖、螺栓都用汽油洗净擦干	
11		紧固轴承盖	5	紧固螺栓按照要求顺序从中间到两边、力矩达标	
12		涂抹密封胶	5	涂抹密封胶适量	
13		安装进排气凸轮轴曲轴锁止工具	4	转动凸轮轴时方向正确	
14		安装正时齿轮	5	锁止工具标记对准	
15		进、排气凸轮轴油封	5	敲击油封时方法正确	
16		安装正时皮带	5	曲轴正时皮带轮标记对准	
17			5	张紧轮安装	
18	安全文明操作	物品的掉落	5	掉落一次扣2分，扣完为止	
19		操作文明	10	操作时有零件损伤，一次扣2分，扣完为止	
20		工作现场5S	5	工具使用后及时放回，工位整洁	
总 分			100	合 计	

反思

1.安装正时齿轮时为什么要对准标记？

2.正时安装错误会导致什么后果？

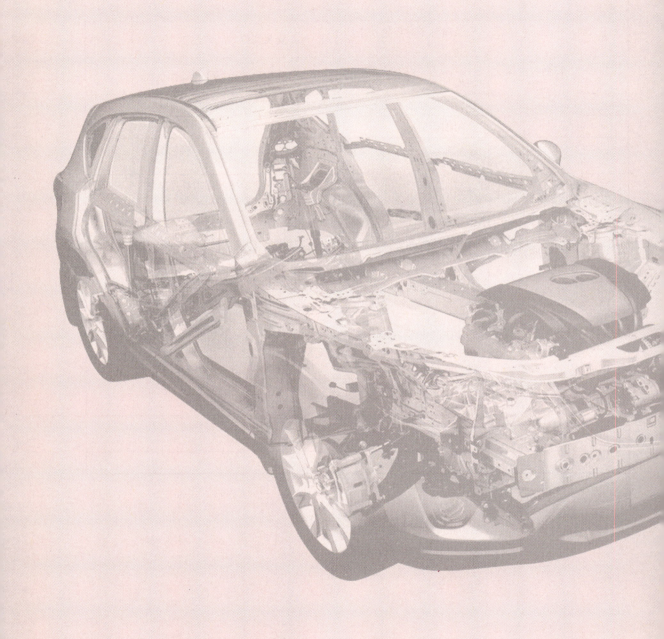

在汽车发动机设计者的眼中，发动机是有"生命"的。发动机和普通的生命体一样也有"体温"。大家都知道，人体的正常体温是37.5 ℃左右。如果高于37.5 ℃，人就会生病，出现头晕目眩、嗜睡畏寒等症状，俗称"发烧"；如果低于37.5 ℃，人也会生病，会出现虚脱甚至休克。那么发动机的正常"体温"是多少呢？其实发动机最佳的工作温度是80~90 ℃，在这个温度范围，发动机能够达到最佳的工况。本项目将主要讲解发动机的冷却系统，通过它可以使发动机一直在比较理想的温度下工作。

任务八　掌握冷却系统的构造与拆装

任务描述

　　发动机的工作温度极大地影响着发动机的工作情况。发动机工作时，内部温度可以达2 000~2 500 ℃。若发动机过热，冷却水温度超过了115 ℃时，由于热胀冷缩作用会造成发动机进气量减少，功率下降。同样，发动机过热还会使润滑油的润滑效果严重下降，导致磨损加剧；各运动部件（活塞、汽缸、活塞环）之间的正常配合间隙会遭到破坏。由此会对发动机的动力性、经济性、可靠性产生一系列不良影响。所以，发动机必须要进行适当的冷却。但是，如果发动机过冷，冷却水温度在70 ℃以下，发动机热量散失过大，会增加油耗。发动机过冷，已经汽化的燃油在汽缸壁上冷却凝结又流回曲轴箱稀释润滑油，也会影响润滑效果，使得磨损加剧。发动机过冷也会影响发动机的动力性和经济性。

　　现在交通事故频发，许多交通事故都会出现汽车追尾或者对撞的情况，这种情况很容易伤害到冷却水箱。这些都要对冷却系统进行修理。当然，年久自然损坏的零部件也是需要更换维修的。所以，我们必须学会冷却系统的拆装，以达到快修的目的。本任务将学习冷却系统的构造，并练习冷却系统的拆装。

任务目标

　　完成本任务的学习后，你应能：

　　★ 描述冷却系统的作用、结构、类型；

　　★ 描述冷却系统的工作原理；

　　★ 描述冷却系统每个零部件的功能；

　　★ 描述冷却强度的调节方式；

　　★ 完成冷却系统的拆装。

　　建议学时：10学时。

相关知识

一、冷却系统的作用

　　冷却系统的作用：在保证发动机的转速和工作状况下，保持有效的发动机工作温度，即将温度控制在理想的范围内，尽可能使得发动机的各项性能达到最佳。

　　发动机过热或过冷的危害见表4-1。

表4-1　发动机过热或过冷的危害

温度状态	危　害
发动机过热	充气效率下降，燃烧不正常，功率下降； 机油变质、变稀，磨损加剧； 受热膨胀变形，磨损加剧
发动机过冷	热损失大，发动机功率下降； 燃油不易雾化，燃油凝结，混合气燃烧不完全； 机油黏度过大，功率消耗增大，磨损加剧

二、冷却系统的类型

　　冷却系统的类型有两种：空冷系统和水冷系统。空冷系统现在主要应用于摩托车，汽车大多采用水冷系统，以冷却液为介质，强制循环，实现冷却。

　　冷却液一段采用软水与防冻剂（常用乙二醇）的混合物，防止冷却液结冰。同时提高冷却液的沸点，防止过早沸腾。防冻剂中通常含有防锈剂和泡沫抑制剂。

三、冷却系统的工作原理

　　目前，汽车发动机多采用强制循环水冷系统。其工作原理：水泵将冷却水从发动机外吸入加压，使冷却水在发动机汽缸盖和汽缸体的水套内流动，带走邻近部件的热量。冷却水吸热后自身温度升高，进入车前端的散热器（水箱）内。由于汽车前进和风扇的抽吸，外界冷空气通过散热器，带走散热器内冷却水的热量并送入大气。当散热器中的冷却水得到冷却后，在水泵的作用下，再次进入水套。如此循环不止地冷却发动机的高温部件。

四、冷却强度的调节方式

　　汽车需要在各种环境下都能保证发动机处于正常的工作温度，如在夏季高温、发动机高负荷低转速的条件下，需要加强冷却强度，防止发动机过热；在寒冷的冬季、发动机低负荷高转速的条件下，需要降低冷却强度，防止发动机过冷。改变冷却强度通常有两种调节方式，一种是改变通过散热器的空气流量；另一种是改变通过散热器的冷却水流量。

　　1.改变通过散热器的空气流量

　　通常利用百叶窗和各种自动风扇离合器来实现改变通过散热器的空气流量。百叶窗可以调节空气流量，防止冬季冻坏水箱，多是人工调节，也有采用自动调节装置的。自动风扇离合器是根据发动机的温度自动控制风扇的转速，调节扇风量以达到改变通过散热器的空气流量，它不仅能减少发动机的功率损失，节省燃油，而且还能提高发动机的使用寿命，降低发动机的噪声。

　　2.改变通过散热器的冷却水流量

　　通常利用节温器来控制通过散热器冷却水的流量。节温器装在冷却水循环的通路中（一般装在汽缸盖的出水口），根据发动机负荷大小和水温的高低自动改变水的循环流动路线，以达到调节冷却系统冷却强度的目的。节温器使冷却液有小循环、大循环、混合循环3种循环路线，如图4-1所示。

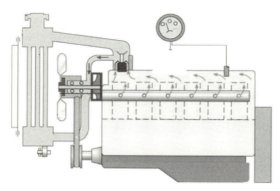

（a）小循环

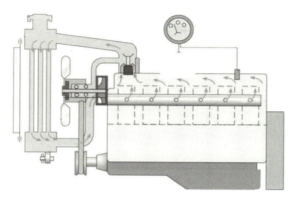

（b）大循环

图4-1　冷却液循环路线

● 小循环　冷却水温度较低时（低于70 ℃），节温器的主阀门关闭、旁通阀门开启，冷却水不流经散热器而流经节温器旁通阀后直接流回水泵进水口，被水泵重新压入水套。此时，冷却水在冷却系统内的循环称为冷却水小循环。冷却水小循环路线是：水套→节温器旁通孔→旁通管→水泵进水口→水泵→水套。

● 大循环　冷却水温度升高时（超过80 ℃），节温器的主阀门开启，旁通阀门关闭旁通孔，冷却水全部经主阀门流入散热器散热后，流至水泵进水口，被水泵压入水套，此时冷却水在冷却系统中的循环称为冷却水大循环。冷却水大循环流经路线为：水套→节温器主阀门→散热器上水室→冷却管→散热器下水室→水泵进水口→水泵→水套。

● 混合循环　当水温在70~80 ℃时，节温器主副阀门都处于部分开启的状态，此时大、小循环都存在，只有部分冷却液流经散热器进行散热。

五、冷却系统的组成

冷却系统主要由水泵、缓冲罐、节温器、散热器、冷却风扇、机油冷却器、水套等组成。

1.水泵

水泵一般由密封件、轴承、转子、皮带轮和壳体等组成，实物和结构如图4-2所示。作用：发动机冷却系统的动力部件，用来给冷却液加压。

水泵上有一个带轮，用皮带与发动机曲轴传动带轮连接，将发动机产生的动能转化成为冷却液循环的动力。水泵使排放孔槽盖住，防止冷却液泄漏。例如，科鲁兹LDE发动机的水泵不是开敞式叶轮，而是密封式塑料叶轮，其目的是提高冷却效率。

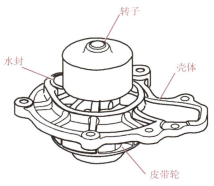

图4-2　水泵实物和结构示意图

2.缓冲罐（膨胀水箱）

缓冲罐（图4-3）是一个带螺纹压力盖的塑料罐。缓冲罐的安装位置比所有其他冷却液通道高。

作用：缓冲罐在冷却系统中提供了一个空气间隙，使冷却液能够膨胀和收缩。在车辆使用期间，冷却液受热并膨胀，造成水箱中的压力增加，由于水箱的容积是有限的，就会导致水箱装不下，多余的冷却液和蒸发产生的水蒸气就会流进缓冲罐。在缓冲罐中水蒸气遇冷又会变成液体，而空气也会随着冷却液的循环排出。当水温降低，水箱中循环的冷却液不够时，冷却液又会从缓冲罐中流出来进行补偿。所以，缓冲罐其实是提供了一个冷却液的加注点和集中放气点。

> **友情提示**
>
> 不能让空气进入冷却系统，因为没有气泡的冷却液比有气泡的冷却液吸热性更好，若冷却液混入空气，产生气泡，冷却效果就会降低。

图4-3　缓冲罐

3.节温器

节温器的结构如图4-4所示。

作用：控制冷却液的流动路径，从而调节流放。节温器一般安装在汽缸盖上。它的内部含有一颗蜡球，蜡球可以根据冷却液温度的变化而膨胀或收缩，带动主弹簧和密封片的机械移动，进而控制冷却液流动。当发动机冷启动时，发动机冷却液温度较低，节温器会关闭冷却液通往散热器的通道；当冷却液温度升高到临界值时，节温器会再打开冷却液通往散热器的通道。

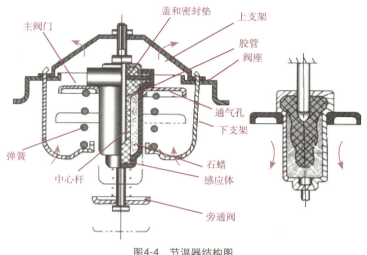

图4-4 节温器结构图

4.散热器

散热器由散热器芯和水室组成，如图4-5所示。

作用：散热器是一个热交换器，将流经散热器的冷却液中的热量传递给空气。

> **友情提示**
>
> 发动机未冷却之前不得打开散热器盖，以防被烫伤！

图4-5 散热器

常见的散热器有管带式和管片式两种。例如，科鲁兹LDE发动机的散热器由一个散热器芯和2个水室组成。铝质散热器芯采用管片式横流设计，从进水室延伸到出水室。散热片围绕管子外侧放置，以改善热量至大气的传导。进水室和出水室用耐高温、尼龙增强塑料材料模制而成。水室的法兰边缘至铝质散热器芯用耐高温的橡胶衬垫密封。水室用锁耳夹紧在散热器芯上。锁耳与散热器芯两端的铝制顶盖为一体。散热器还有一个放水阀，位于左侧水室的底部。放水阀单元由放水阀和放水阀密封圈组成散热器芯上的散热片，用于散发流经管子的冷却液的热量。当空气在散热片间通过时，吸收热量并冷却冷却液。散热器的顶端还有一个散热器盖。

5.冷却风扇

冷却风扇安装在发动机舱内的散热器后部，由电驱动。

作用：冷却风扇通过散热器吸入空气以改善热量从冷却液至大气的热传递，从而达到冷却的效果。

冷却风扇一般有3个挡位：高速、中速、低速。根据发动机冷却液温度传感器采集的发动机冷却液温度进行调整，温度越高，冷却风扇转速越快。

6.机油冷却器

机油冷却器如图4-6所示。

作用：对发动机机油进行冷却，确保发动机正常工作。

发动机润滑油（俗称机油）的正常工作温度为80 ℃左右,但有时机油温度会过高，处于不正常状态，其不良的影响有：机油黏度下降，油膜建立困难；机油压力下降，造成运动副磨损加速；机油加速老化；机油系统的橡胶密封圈在高温下易老化失效，造成机油漏泄。所以，需要通过机油冷却器对发动机机油进行冷却。

图4-6　机油冷却器

7.汽缸盖/汽缸体中的水套

为了更好地对发动机进行冷却，在发动机的汽缸盖和汽缸体中挖了很多"隧道"和"内孔"，俗称水套，如图4-7所示。这样可以更近、更直接地带走发动机热量，尽快将发动机的温度降下来。对于发动机的水套来说，我们一般只考虑它是否会漏水、生锈、堵塞。在每次拆解下来后都要进行清洗，用压缩空气吹通、吹干。

图4-7　汽缸体中的水套

任务实施

一、操作准备

序号	工具、设备名称	型号（品牌）或说明	数量
1	工具车	中号	4辆
2	指针式扭力扳手	博世	4把
3	史丹利120件套		4套
4	手套抹布	棉质的普通布	4张
5	水桶	塑料	4个
6	密封胶		4只
7	双面胶	宽	4卷
8	记号笔	黑色	4只

二、操作过程

1.拆卸冷却系统

（1）放水。将冷却后的发动机的散热水箱下面的放水螺塞打开，用准备好的水桶接冷却液，如图4-8所示。

图4-8　排放冷却液

（2）作标记。理清各根水管、线束的走向以及插头的位置，作好标记，贴好标签或者拍照记录下来，以免忘记。

友情提示

不能把作好的标记、贴条弄掉了，以免忘记水管接头的位置。

（3）拆卸散热器。用史丹利120件套中的平口起子，拆卸大小水管，用手拔出节温器线束插头。取下与发动机主机有联系的所有水管接头，将散热器与发动机分离，如图4-9所示。

图4-9　拆卸线束与水管

（4）拆卸水泵。首先用专用夹具将飞轮锁死，在没松张紧轮的情况下，用扭力扳手将水泵带轮上的3颗螺钉拧松，再松开张紧轮。取下传动皮带，取下水泵带轮。之后，用套筒拧松水泵上的螺栓取下水泵转子，如图4-10所示。

图4-10　拆卸水泵带轮与水泵

（5）拆卸机油冷却器。如果要拆卸机油冷却器，必须先要将发动机润滑油放掉，若不更换润滑油，可以将放出的润滑油存储，之后再装回去。要拆卸机油冷却器，只需拧松管道接头上的螺栓和机油冷却器上的螺栓即可，如图4-11所示。

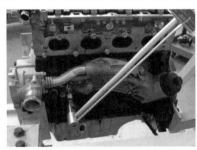

图4-11　拆卸机油冷却器

（6）拆下电子节温器。用120件成套工具中的内六角松下内六角螺栓后就可以取下电子节温器，如图4-12所示。例如，科鲁兹汽车的电子节温器可以对冷却水进行加热，要注意它的线束接头和水管接头。

图4-12　拆卸电子节温器

（7）拆卸完毕后检查。除了缸体与缸盖中的冷却水套，冷却系统就拆卸完毕了，如图4-13所示。之后要对零部件进行检查，确认并更换损坏的元件。

图4-13　冷却系拆卸完毕的汽缸体

2.装配冷却系统

（1）安装电子节温器。安装前，认真清洁所有零件尤其是外壳结合表面，保持拧紧冷却套的螺栓不生锈或损坏，以防损坏发动机上的螺纹孔，如图4-14所示。要注意线束接头和水管接头是否接好。

图4-14　安装电子节温器

（2）安装机油冷却器，如图4-15所示。

（3）安装水泵及带轮。对清洗好的零部件进行检查，对磨损过度的零件进行更换。所有的密封衬垫都需要更换，在结合面均匀涂抹一层密封胶，如图4-16所示。

（4）安装散热器。将散热器落座进入原位，安装固定支架并根据作好的标记复位所有管路以及节温器线束。注意：水管管卡松动的必须更换管卡。

图4-15　安装机油冷却器

图4-16　安装水泵及带轮

（5）安装完成，加注冷却液并检查冷却液液位。

任务检测

一、填空题

1.按冷却介质不同，发动机冷却方式有_____和_____两种。

2.发动机过热的危害有_____、_____、_____、_____。

3.发动机过冷的危害有_____、_____、_____、_____。

4.水泵的组成有_____、_____、_____、_____。

5.冷却系统的主要部件有_____、_____、_____、_____。

6.冷却系统进行大循环时，冷却液流向为：水套→_____→散热器上水室→_____→_____→水泵进水口→_____→水套。

7.冷却系统进行小循环时，冷却液流向为：水套→_____→旁通管→_____→_____→水套。

二.简答题

1.简述水泵的作用。

2.简述散热器的热交换原理。

评价与反思

评价表

序号	项 目	操作内容	配分	评分标准	得分
1	操作前准备	工具准备情况检查	5	清点工具，摆放到合理位置	
2	基本防护	穿戴的衣物	5	穿工作服、劳保鞋	
3	拆卸冷却系统	排泄冷却液	5	确保冷却液温度低于50 ℃	
4		拆卸冷却系连接管路	5	工具选择正确，无管路损坏	
5		拆卸水泵	5	工具选择正确，拆卸顺序正确	
6		拆卸机油冷却器	5	工具选择正确，拆卸顺序正确	
7		拆卸节温器	5	工具选择正确，拆卸顺序正确	
8	安装冷却系统	零件清洁	10	正确清洁水泵、机油冷却器、节温器等	
9		安装水泵	5	更换密封圈且安装力矩要求达标	
10		安装节温器	8	清洁节温器接触面并涂抹密封胶，安装力矩达标	
11		安装机油冷却器	5	更换密封圈且安装力矩要求达标	
12		安装连接管路	7	管路连接正确无损坏，卡箍紧固达标	
13		安装其他连接部件	5	线束、放水螺栓等安装正确	
14		添加冷却液测试	7	系统无漏水现象	

续表

序号	项　目	操作内容	配分	评分标准	得分
15		物品的掉落	4	掉落一次扣2分，扣完为止	
16	安全文明操作	操作文明	10	操作时有零件损伤，一次扣2分，扣完为止	
17		工作现场5S	4	工具使用后及时放回，工位整洁	
总　　分			100	合　　计	

反思

1.哪些故障可能导致发动机冷却液温度过高?

2.如果节温器损坏会导致什么故障?

3.北方地区所使用的冷却液与南方地区使用的冷却液有什么区别?

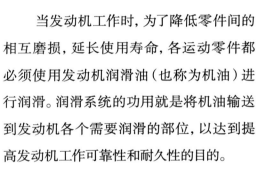

当发动机工作时，为了降低零件间的相互磨损，延长使用寿命，各运动零件都必须使用发动机润滑油（也称为机油）进行润滑。润滑系统的功用就是将机油输送到发动机各个需要润滑的部位，以达到提高发动机工作可靠性和耐久性的目的。

项目五　润滑系统

任务九　掌握润滑系统的构造与拆装

任务描述

　　汽车发动机润滑系统在发动机工作循环过程中对各个总成、零部件之间的运动起着润滑作用。其功能是：在各零件之间产生相对分离的油膜保护层，一定程度上减少了相对运动零件之间金属面的直接接触，以液体摩擦形式减少金属件的磨损。与此同时，发动机润滑系统还具备散热、降噪、密封、清洁的作用，该润滑系统属于循环润滑系统。本任务将在学习了润滑系统构造的基础上展开对其油路的分析及主要零部件的拆卸与检测，其中配合了机油泵的再分解。

任务目标

　　完成本任务的学习后，你应能：
　　★ 描述润滑系统的作用、组成；
　　★描述润滑系统的工作原理；
　　★正确分析润滑系统的油路；
　　★完成润滑系统的拆装及机油泵的检测。
　　建议学时：10学时。

相关知识

一、润滑系统的作用

　　发动机润滑系统是指发动机工作时以实现减小相对运动零件磨损为主要目的，将适量机油以适当压力输送到运动件之间进行润滑，并具备供给、清洁功能的润滑油循环工作环境。

　　1.润滑作用

　　发动机在工作循环过程中，各零件之间会产生高速旋转、往复运动，如凸轮轴轴承、曲轴轴承、活塞等，这其中相对运动零件之间会产生机械磨损，润滑油能在其运动之间形成油膜，以润滑液液体摩擦的形式来降低金属体的表面磨损。

　　如果缺油或者长期未更换润滑油均会造成轴承磨损失效，影响发动机整体工作。

　　2.冷却作用

　　在汽车发动机工作时，除冷却系统之外，润滑油同样具有对零件局部冷却的作用。

　　在高速往返运动过程中，各零件之间接触面会产生局部高温（如曲轴轴颈），润滑系统能够及时将该处的局部高温通过机油流动方式来降温，并在机油流回油底壳后以空气散发或者润滑液冷却系统两种方式散发。

3.减振降噪作用

发动机工作过程中，相对运动零件之间存在必要间隙（如气门间隙、曲轴轴承盖轴向间隙），随着发动机工况的变化该间隙会产生瞬间撞击，从而产生噪声。然而，附着在零件表面的油膜能有效地吸收并降低、分解该冲击产生的噪声。

4.密封作用

机油具有密封部分接触面之间空隙的作用，例如，在发动机活塞连杆机构的复装流程中需要在汽缸壁、活塞、活塞环等部件涂抹机油（图5-1），以此来

> **想一想**
>
> 举例说明汽车维修中哪些地方还运用到了机油密封。

密封该处的空隙。此外，活塞环中的油环在布油、刮油过程中同样是汽缸壁和活塞之间的密封。

5.清洁作用

在机油更换过程中会发现，打开放油螺栓后排放出来的废机油的颜色呈深黑色（图5-2），而添加的新机油却显金黄色。机油的颜色之所以会变深，是因为机油在流经润滑点时会把该处的碳物质或者磨损产生的金属小颗粒带出，随着机油流回到油底壳后沉淀形成的。

图5-1 机油密封性

图5-2 排放废机油

6.防锈作用

润滑油在储存及工作过程中能在各零部件表面形成一层油膜，该油膜能在一定程度上将机械部件同空气隔绝，阻止周围的水、空气、腐蚀气体等有害物质与零件直接接触使其氧化生锈。

二、润滑系统的组成

汽车发动机润滑系统一般由油底壳、机油泵、滤清器、油路油道、机油标尺、机油压力表、各类阀体组成，如图5-3所示。

1.油底壳

作用：储存、回收、冷却发动机机油，同汽缸体结合密封曲轴箱。

结构：油底壳总体构造如图5-4所示，主要由放油螺栓、挡油稳定板、加强筋、机油油位传感器及金属壳体组成。一般有薄钢板和铝合金两种材质，为了更好的散热，铝合金材质运用比较广泛。

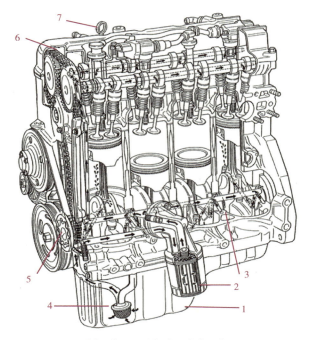

图5-3 润滑系统组成、流向示意图

1—油底壳； 2—机油滤清器； 3—曲轴机油导油孔； 4—机油集滤器； 5—机油泵；
6—凸轮轴机油孔； 7—机油标尺

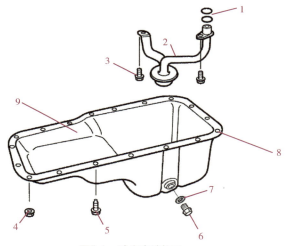

图5-4 油底壳结构图

1—集滤器垫圈；2—机油集滤器；3—支架螺栓；4—油底壳螺母；5—油底壳螺栓；
6—放油螺栓；7—放油螺栓垫；8—油底壳；9—挡油稳定板

2.机油泵

作用：主从动转子在工作腔内旋转产生一定真空度，将一定量的机油从油底壳泵入进油腔，压缩产生油压后输送到各摩擦件表面。

根据主从动齿轮的啮合形式机油泵可分为转子式机油泵和齿轮式机油泵两种。齿轮式机油泵如图5-5（a）所示，由主、从动齿轮左右外啮合而成；转子式机油泵如图5-5（b）所示，由内外主、从动齿轮啮合而成。

（a）齿轮式　　　　　　　　　　　　　（b）转子式

图5-5　机油泵转子式、齿轮式两类

（1）齿轮式机油泵

齿轮式机油泵的组成结构如图5-6所示，由机油泵体、主动齿轮、从动齿轮、机油泵壳体等部分组成。齿轮式机油泵包括主动—从动齿轮端面间隙、机油泵壳体—齿轮间隙，其中主、从动齿轮的端面间隙一般在0.05~0.20 mm，壳体同齿轮间隙不大于0.02 mm，根据不同的机型，机油泵输出压力在0.15~0.6 Mpa。常见机油泵体上都装有限压阀以控制机油输出压力。

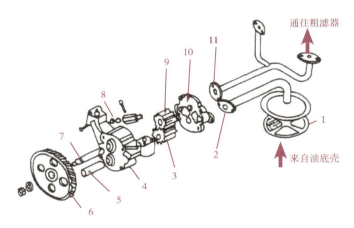

图5-6　转子式机油泵结构图

1—机油集滤器；2—吸油管；3—从动齿轮；4—机油泵体；5—从动轴；6—主动轴驱动齿轮；
7—主动轴；8—限压阀；9—主动齿轮；10—机油泵壳体；11—出油管

齿轮式机油泵的工作过程大体上可分为泵油、压油、出油3个阶段。齿轮式机油泵主、从动齿轮呈外啮合状，在机油泵体、主、从动齿轮、机油泵壳体之间形成机油泵工作腔，如图5-7所示。

①泵油阶段：在密闭的工作腔内，曲轴传递来的旋转动力驱动机油泵主动齿轮旋转并带动从动齿轮反向旋转，此时，在图5-7中1处形成一定真空度，该处真空会通过集滤器将油底壳中的机油泵到1处。

②压油阶段：通过泵油过程后，机油在主、从动齿轮的齿间间隙中随着齿轮而旋转至图5-7中3处，由于两齿轮端面接下来将以很小间隙啮合而挤压机油，从而促使脱离齿轮的机油堆积积压在3处，产生机油油压。

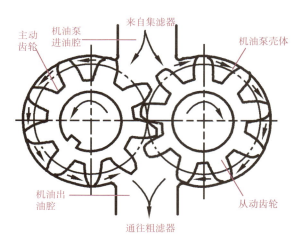

图 5-7 转子式机油泵工作原理图

图5-8 齿轮式机油泵驱动方式

③出油阶段：堆积积压在3处的机油随着齿轮的周期旋转体积不断增大而压力不断增强，促使增压后的机油从出油腔流向机油粗滤器。

齿轮式机油泵的转动是来自经传动机构传递而来的曲轴旋转动力，一般是套在曲轴端的链条或齿轮传递机构传递到主动齿轮上，如图5-8所示。因此，齿轮式机油泵的优点是效率高、结构简单、工作可靠；其缺点是供油油量不均匀、动力中间传递机构占用空间大。

（2）转子式机油泵

转子式机油泵的组成结构如图5-9所示，由机油泵壳体、内转子、外转子、机油泵盖、限压阀、止回阀等部分组成。转子式机油泵包括内—外转子端面间隙、外转子—机油泵体间隙、机油泵内外转子径向间隙，3个间隙的间隙值一般为：0.08 ~ 0.160 mm、0.12 ~ 0.19 mm、0.030~ 0.080 mm，部分转子式机油泵同时装有机油限压阀、止回阀两阀体，以控制机油压力及流向，内外转子存在一定偏心距，同时内转子的凸齿比外转子的凹齿少一个。

转子式机油泵工作原理同齿轮式原理大致相似，均是以转子的旋转产生真空度来泵油、转子带动机油旋转压油、转子脱离机油出油，所以转子式机油泵同样具备泵油、旋转压油、出油3个阶段。如图5-10所示，内、外转子的齿形轮廓在同方向互相啮合，由于内、外转子中心存在偏置，工作腔的空间大小会随着转子的旋转发生变化，具体的工作过程如下：

①主动转子旋转到图5-10中1处时，空间增大形成真空，泵入来自集滤器的机油。

②旋转到图5-10中2处时，空间减小，压力增大泵出机油到粗滤器。

③在1处与2处之间时，机油在内外转子齿形轮廓分割的工作腔中旋转，压力由小变大。

转子式机油泵是由曲轴的花键、半圆键等键槽直接驱动，一般装配在发动机前盖或发动机正时罩壳上，该结构的优点在于布置紧凑，油压均匀，声噪低，但内外转子产生的摩擦阻力较大，降低了发动机的功率。

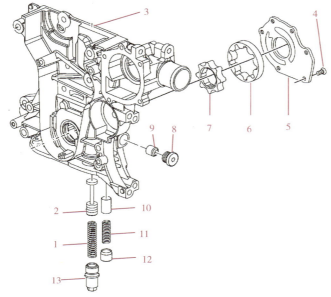

图5-9　转子式机油泵结构示意图

1—机油限压阀弹簧；2—机油限压阀；3—机油泵壳体；4—机油泵盖螺栓；5—机油泵盖；6—机油泵外齿轮；7—机油泵内（主动）齿轮；8—机油流量止回阀塞；9—机油流量止回阀；10—机油限压阀；11—机油限压阀弹簧；12、13—机油限压阀孔塞

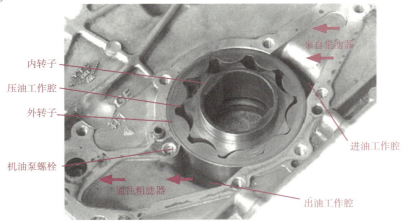

图5-10　转子式机油泵工作原理图

3.滤清器

作用：过滤润滑油中的金属颗粒、油泥以及水等杂质，提高机油运行过程中的清洁程度。

分类：按过滤的工作原理不同可分为过滤式滤清器和离心式滤清器；按过滤程度不同可分为：集滤器、粗滤器、细滤器；按连接形式不同可分为全流式滤清器和分流式滤清器。

过滤式滤清器是指以机油通过不同大小的孔或间隙的方式来滤除杂质，如集滤器、粗滤器；离心式滤清器是指以旋转产生离心力，在高速旋转中利用油和杂质的不同比重来分离杂质，大多细滤器均采用离心式结构。

全流式滤清器是指串联在主油道上，所有机油均通过该处过滤；分流式滤清器是指滤清器并联在主油道上，只有部分机油通过该处过滤。

（1）集滤器

集滤器由滤网、油管、支架螺栓、集滤器固定螺栓组成。

其工作原理为：由机油泵产生的负压吸力促使浸入机油内的机油泵进行工作，机油通过滤网滤去较大颗粒杂质后进入油管到达机油泵。根据滤清器的安装形式可分为浮式滤清器和固定式滤清器（图5-11），由于浮式滤清器浮在机油表面，可以吸取较清洁的机油，但容易吸附泡沫使油压不稳定，固定式滤清器浸入在机油之中不易吸取泡沫但吸取的机油清洁度较浮式滤清器差，目前固定式机油滤清器运用较为广泛。

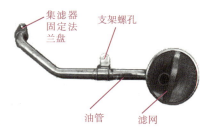

图5-11　固定式滤清器组成图

（2）粗滤器

粗滤器根据不同的滤清材料可分为金属片缝隙式、环绕式、纸质式和锯末式4种。粗滤器是一次性耗材，在更换机油时需配套更换，目前运用较为广泛的是纸质式粗滤器，纸质式粗滤器由进油口、滤网滤芯、旁通阀、壳体及出油口组成，如图5-12所示。

其工作原理为：来自机油泵的机油从进油口（1）进入滤芯，通过滤芯（6）及滤网（9）过滤掉机油中的小颗粒杂质及水等物质，再沿中间拉杆（8）方向从出油口（2）流出，其中配有旁通阀球阀（5），过滤阻力较大时球阀打开机油绕过出口（2）直接流出。

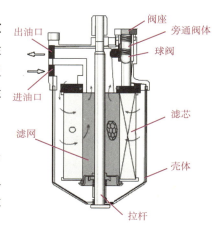

图5-12　粗滤器结构、工作原理图

（3）细滤器

细滤器根据采取的滤清方式不同分为过滤式机油细滤器和离心式机油细滤器两种，由于过滤式滤芯在滤除阻力和滤清能力方面很难平衡，目前离心式机油滤清器使用较广泛。离心式机油细滤器由转子轴、空心转子、喷嘴及壳体等部分组成。

其工作原理为：机油泵输送出的一部分机油进入进油孔，通过机油压力将机油迅速压入转子内腔，转子内腔的机油不断增强，促使装有互为反方向喷嘴的转子做高速旋转（可达3 000～5 000 r/min）。由于油、杂质、水具有不同比重，在离心力作用下，使杂质甩向转子内的杂质回收盖内，使水甩向集油盘中，然后定期清洗，而通过外壳流出孔流出的机油在重力作用下直接掉入油底壳。

4.机油冷却系统

作用：发动机运行过程中随着温度的升高润滑油会逐渐变稀而影响润滑效果和产生气泡，因此，部分机型配置了机油冷却系统用来及时冷却机油，使机油温度保持在该机型规定的范围。

分类：根据机油的冷却方式不同可分为风冷式机油散热器和液冷式机油冷却器两种。

（1）风冷式机油散热器

风冷式机油散热器同发动机冷却系统原理相似（图5-13），分别由散热管、限压阀等部件组成，一般同冷却液散热器前后并列布置。

其工作原理为：风冷式机油散热器并联在主油道上，当机油泵工作时一部分机油通往粗滤器，一部分机油经由机油散热器开关进入散热器进行冷却，最后直接回流到油底壳中。

想 一 想

为什么只有一部分机油进入细滤器？

（2）液冷式机油冷却器

液冷式机油冷却器由壳体、前后端盖及铜芯管构成，铜芯管是最重要部件之一，机油、冷却液分别在铜芯管内外流动，在相互流动的过程中实现温度的交换和调控。

其工作原理为：液冷式机油冷却器将冷却液温度调控运用到机油冷却当中，将机油散热器置于冷却系统之中，用冷却液的温度来及时调控机

图5-13　风冷式机油散热器

油的温度（图5-14），当机油温度超高时以冷却液带走多于温度，当机油温度低于标准值时以冷却液温度提升油温。

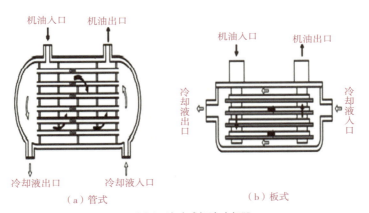

（a）管式　　　　　　　（b）板式

图5-14　液冷式机油冷却器

5.阀门及油压表

作用：根据润滑系统工作过程中的适时情况，反映系统中的油压及确保油路通畅。

一般有限压阀和旁通阀两种。

（1）限压阀

在润滑系统中，促使机油压力变化的情况有曲轴旋转速度、机油黏度、轴承间隙及管道通畅情况，当发动机转速增快、机油压力黏度增大油路堵塞等情况出现时，机油压力会随之增大，而增大的机油压力会对机油管路结合点、各零部件的工作情况造成影响，因

此，设置了限压阀限制系统中的机油始终保持在一定的范围之内，维持机体的正常润滑。

限压阀一般装配在机油泵的机体上，部分机油细滤器配置有机油细滤器进油限压阀用来控制进入机油细滤器的油量。

其工作原理为：当机油压力超过限压阀压紧弹簧的预设值时，机油压力克服压紧弹簧作用力而打开阀门，同理，当压力达到规定值时压紧弹簧及时回位关闭阀门而停止工作。

（2）旁通阀

旁通阀一般同机油粗滤器配套使用，主要是用来保证润滑管路中的油路通畅。

其工作原理为：当大颗粒固体物质对粗滤器发生堵塞时，旁通阀打开使机油绕过粗滤器而直接进入主油道中供油。

（3）润滑油油压表（机油指示灯）

机油压力表是用来适时反映发动机工作过程中机油压力的大小，由传感器、导线、油表显示装置构成，传感器收集润滑系统中的油路信息通过导线反映在驾驶室内的显示装置之上。

6.机油油道

机油油道在润滑系统中担任输送润滑油的角色，有装配的单独输送管道或者合铸在汽缸体、汽缸盖上的机油油道，提供机油输送到各个润滑点和回流至油底壳的通道。

7.辅助装置

辅助装置有机油压力显示设备、油压报警器、指示灯等，主要是为了及时显示机油适时工作状况，确保发动机正常工作。此外，部分机型配有独立的润滑系统散热装置，也是为了能更好地调节机油温度，延长使用寿命。

三、润滑系统的油路分析

润滑系统的油路分析应在其组成基础上结合润滑油的流向展开分析，一般情况下，润滑油路可分为全流过滤式、分流过滤式、并联过滤式3种。

• 全流过滤式：滤清器与主油道并联，当滤芯堵塞时旁通阀打开使机油直接进入主油道通向润滑点，广泛运用在轿车和微型车上。

• 并流过滤式：初滤、细滤器并联，由机油泵产生的大部分机油通过出滤器后通向全车，小部分机油通向细滤器过滤后直接回到油底壳中，在火车上运用较多。

• 分流过滤式：滤清器与主油道并联，由机油泵产生的大部分机油直接进入主油道，小部分机油进入滤清器后直接回到油底壳中，只运用在少量车型上。

润滑系统有如下流向顺序：

①润滑油存储装置——油底壳。在润滑系统中，油底壳起着回收、存储、沉淀机油的作用，同时其底部的放油螺栓配合发动机上部的机油加注口共同完成机油的排泄和加注。

②润滑油第一次过滤装置——集滤器。集滤器伸入油底壳底部，是机油的第一道过滤屏障。

③润滑油动力装置——机油泵。机油泵是整个润滑系统机油压力产生的动力源，其自

身配备有限压阀用来限制润滑油的输出压力值。

④润滑油第二次过滤装置——粗滤器。对机油进行第二次过滤清洁后使机油进入主油道。

⑤润滑油第三次过滤装置——细滤器。来至粗滤器的机油一部分通过主油道分配到各个润滑点，一部分通过细滤器限压阀进入机油细滤器进行第三次过滤。

⑥润滑油工作场所——各运动件——在各润滑点（如凸轮轴轴承盖、活塞销、活塞油环）（图5-15）。通过压力或飞溅等方式进行润滑。

⑦润滑油回流途径——缸盖、缸体回流孔（图5-16）。润滑油在完成润滑后，在重力情况下通过嵌铸在机体中的回流孔流入油底壳。

图5-15　凸轮轴润滑孔

图5-16　汽缸体回油孔

四、润滑系统工作原理

根据润滑油的流动方向，润滑系统的工作原理大体上可概括为：

①机油集滤器在机油泵的作用下第一次过滤并吸附油底壳中所储存的机油，输送到机油泵去。

②经过机油泵的机油具备了通向各运动件的压力条件，再由油道进入粗滤器（俗称机油格）进行第二次过滤，期间旁通阀并联在粗滤器上以防止粗滤器堵塞而无机油进入主油道。

③经过粗滤器第二次过滤的机油多数流向主油道，少部分机油流向细滤器进行第三次过滤，通过主油道的大部分机油在机油压力的作用下进入各类总成运动件之间（如凸轮轴轴承、曲轴轴承），以飞溅、压力等方式进行润滑。

④在重力作用下完成润滑、局部冷却等任务的机油再通过嵌铸在汽缸体、汽缸盖中的回油道回流至油底壳，在油底壳里进行沉淀冷却（部分机型配合发动机冷却系统有独立的润滑油冷却循环系统），然后再开始下一次的工作循环。

五、润滑系统的润滑形式

汽车发动机润滑系统根据各个零部件的工作特性需要采用不同的润滑方式，整体上分为压力润滑、飞溅润滑、定期润滑3种。

● 压力润滑：发动机在工作过程中零件对润滑强度要求较高，特别是曲轴轴承、凸轮轴轴承等地方，分别设置有机油孔以促使机油能到达内部润滑冷却，由于该处的特殊工作环境，需要机油具备一定压力才能进入润滑。

● 飞溅润滑：对润滑要求不高，机油直接进入比较困难的零件，采取机件旋转将机油带动使其飞溅为小油滴甚至雾状形式进行润滑。

● 定期润滑：针对润滑分散负荷较轻的摩擦表面（如冷却液泵轴承、起动机轴承），只需要定期加注润滑脂润滑。但随着汽车材料的不断进步，部分定期润滑点已经由新兴汽车材料取代，所以这种方式的运用在逐渐减少。

六、润滑油的选用

根据生产方式不同，发动机润滑油可分为矿物提取油和人工合成油两种，其中矿物提取油是由石油中提取的矿物原油加工而成；人工合成油是通过各种化学成分辅以各类添加剂（金属清洁剂、抗氧化剂等）配合石油原料制作而成。

发动机润滑油的选择需要根据发动机的具体机型及当地的气候环境而定，同一款车可能根据使用的地点不同而选用不同的润滑油。最好选用原厂推荐标准的机油，一般情况下可选用较高一级机油代替低一级机油，但绝不能逆向替代。

七、机油标尺

机油标尺的作用是用来检查发动机机油的油量，外形为金属杆状（图5-17（a）），末端刻有上下刻度（图5-17（b））。其检查方法为停稳车辆，启动发动机，待发动机工作到正常温度后停机等待几分钟，让机油能正常工作并回流油底壳后取出机油标尺清洁干净，接着再伸入标尺孔后取出，观察液面在上下刻度之间时即为正常。

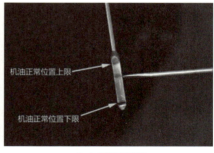

（a）机油标尺外形　　　　　　　　　　（b）标尺刻度线

图5-17　机油标尺位置、刻线示意图

任务实施

一、操作准备

序号	工具、设备名称	型号（品牌）或说明	数量
1	发动机拆装套装工具	世达	1盒
2	机油壶	普通机油	1个
3	抹布/手套	棉质的普通布	2块

续表

序号	工具、设备名称	型号（品牌）或说明	数量
4	指针、预制式扭力扳手	世达	各1把
5	吹枪	世达	1只
6	洗油	普通	半盆
7	垫片铲刀、毛刷	普通	各1把
8	密封胶	专用	1只

二、操作过程

1.拆卸发动机润滑系统

（1）准备发动机实训台，清点拆装工具，如图5-18和图5-19所示。

友情提示

强调5S管理，对发动机实训台的固定情况认真检查，防止操作过程中实训台滑动。

图5-18　实训台

图5-19　工具车

（2）拆卸机油标尺及机油加注盖，取出机油标尺，拧松取下机油加注盖并正确放置，如图5-20和图5-21所示。

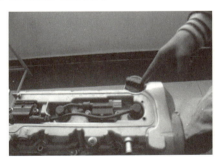

图5-20　机油加注口盖

图5-21　机油尺

（3）拧松、取下放油螺栓，放掉发动机中的机油，如图5-22和图5-23所示。

图5-22　拧松放油螺栓

图5-23　放油

友情提示

　　在放油螺栓的拆卸过程中，需要用扭力扳手按规定扭力预松螺栓，以免损坏工具及螺栓棱角。

　　（4）使用工具拆卸并取下机油粗滤器、粗滤器座及垫圈，如图5-24所示。

友情提示

　　初次拆卸会有少量机油流出，请注意清洁。

图5-24　取下粗滤器

　　（5）从两边到中间对角拧松并取下油底壳螺栓、螺母，如图5-25和图5-26所示。

图5-25　油底壳螺栓

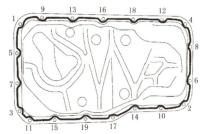

图5-26　油底壳螺栓拧松顺序

　　（6）运用铲刀、橡胶锤等工具震松并取下油底壳，如图5-27和图5-28所示。

友情提示

　　以铲刀或一字起子分别在4个角轻轻撬起，必要时使用橡胶锤在4个角轻轻敲松。

图5-27　撬松油底壳

图5-28　取下油底壳

（7）拆卸并取下机油集滤器，如图5-29所示。

友情提示

　　集滤器的固定螺丝为内六角，特别注意选用工具严防螺孔损伤。

　　思考当内六角螺栓棱角损伤后的应急处理办法。

图5-29　集滤器

（8）拆卸发动机前端盖机油泵总成，如图5-30和图5-31所示。

图5-30　拆下前端盖

图5-31　用一字起子撬开前端盖

友情提示

　　在进行该处操作时，注意密封胶的密封和定位销的定位位置处理，严禁暴力敲击。

　　曲轴箱前端盖的密封程度要求较高，注意撬的方向与力度。

（9）拆卸、分解机油泵泵体及泄压阀，如图5-32和图5-33所示。

图5-32　分解机油泵

图5-33　分解泄压阀

（10）机油泵的检测。使用刀口尺和厚薄规（图5-34）对三个间隙进行测量。

①测量内外转子啮合面间隙：将尽量多的厚薄规放入机油泵内外转子的配合间隙中，能放入间隙的所有厚薄规的厚度相加即为啮合面间隙，如图5-35所示。

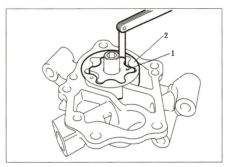

图5-34　厚薄规　　　　　　　　　图5-35　啮合面间隙测量

②测量内外转子同刀口尺间隙：将刀口尺下压到机油泵上方，将尽量多的厚薄规放入机油泵有刀口尺的间隙中，能放入间隙的所有厚薄规的厚度相加即为平面间隙；改变刀口尺位置，将不同位置测量得到的平面间隙当中的最大值与最小值相减即为平面度，如图5-36所示。

③外转子与机油泵体间隙：将尽量多的厚薄规放入机油泵壳体与外转子的配合间隙中，能放入间隙的所有厚薄规的厚度相加即为外转子与泵体的间隙，如图5-37所示。

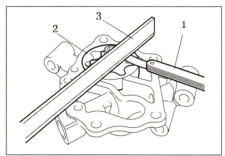
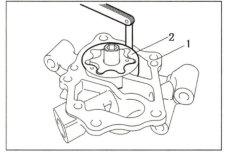

图5-36　平面度测量　　　　　　　图5-37　外转子与机油泵体间隙测量

练一练

内外转子啮合面间隙，标准理论间隙：＿＿＿＿＿＿，实际测得间隙：＿＿＿＿＿＿；

内外转子同刀口尺间隙，标准理论间隙：＿＿＿＿＿＿，实际测得间隙：＿＿＿＿＿＿；

外转子与机油泵体间隙，标准理论间隙：＿＿＿＿＿＿，实际测得间隙：＿＿＿＿＿＿。

（11）分析机油油路及流向，如图5-38和图5-39所示。

图5-38 凸轮轴油孔

图5-39 连杆轴颈油孔

—— 知识窗 ——

机油油路一般从机油粗滤器处分为两路，一路通过润滑孔进入汽缸盖下曲轴轴承、活塞销，一路通过油压进入汽缸盖上凸轮轴轴承、气门等上部零件。

—— 试一试 ——

结合学校的具体发动机机型分析机油油路的流向。

2. 装配发动机润滑系统

总体原则：对拆卸零件进行吹洗清洁，部分零件需检测判断是否能继续使用后再进行安装作业。

（1）装配机油泵内外齿轮、齿轮泵壳体、螺栓，注意在以上零件表面涂抹一层薄薄的机油，如图5-40所示。

—— 思考 ——

为什么要在各零件表面涂抹一层机油？

（2）装配发动机前总成，注意更换新密封垫，如图5-41所示。

图5-40 安装机油泵

图5-41 更换密封垫

—— 试一试 ——

根据学校的具体机型，尝试对密封胶和密封垫两种机型进行装配。

（3）装配集滤器、油底壳，注意集滤器更换新密封圈，油底壳汽缸体接触面涂抹密封胶，如图5-42和图5-43所示。

图5-42　安装集滤器　　　　　　　　　　图5-43　涂抹密封胶

（4）装配放油螺栓、机油粗滤器、机油标尺、机油加注盖，注意零件的清洁。

（5）场地清扫，整理工位。

> **友 情 提 示**
> 查阅相应机型对油底壳螺栓的拧紧力矩，并参考拆卸步骤的逆方向进行螺栓拧紧。

任务检测

一、填空题

1.润滑系统的作用分别是_____、_____、_____、_____。

2.发动机润滑系统的滤清器根据过滤程度不同可分为_____、_____、_____3种。

3.机油泵根据不同的工作原理可分为_____、_____两种。

4.一般情况下，润滑系统的滤清器可分为_____、_____和_____3种。

5.机油集滤器是_____连、机油粗滤器是_____连、机油细滤器是_____连在主油道上；一般情况下旁通阀是_____连在_____上，限压阀是_____连在_____上。

二、简答题

1.简述润滑系统的组成及各自的作用。

2.简述机油泵的工作原理。

3.简述润滑系统的油路流向及各部件的位置关系。

4.简述润滑系统装配时的注意事项。

评价与反思

评价表

序号	项目	操作内容	配分	评分标准	得分
1	操作前准备	工具准备情况	5	清点工具,摆放到合理位置	
2	工具使用	扭力扳手正确使用	3	扭力认识,操作姿势为向内拉	
3		刀口尺、塞尺正确使用	5	刀口尺清洁,塞尺的尺寸选择正确	
4	拆卸润滑系统	机油加注盖	2	取出后反向放置	
5		拆卸放油螺栓	3	先用扭力预松,防止损伤螺纹	
6		拆卸油底壳	10	按"四周到中间"的顺序分两到三次拧松	
7		拆卸集滤器	5	取出并清洁滤网	
8		机油泵的再分解	10	按顺序拆卸,并整齐摆放零部件	
9	安装润滑系统	组装机油泵	7	在机油泵各零件内表面涂抹一层机油	
10		安装发动机前端盖	10	定位销正确对齐	
11		安装机油集滤器	5	更换集滤器垫圈(或有检查流程可继续使用)	
12		安装油底壳	10	涂抹密封胶,按照从中间到两边的顺序分两到三次拧紧螺栓后,并根据维修手册拧至规定扭矩	
13		安装粗滤器	10	在粗滤器拧紧面涂抹一层机油	
14	安全文明操作	物品的掉落	5	掉落一次扣2分,扣完为止	
15		操作文明	5	操作时有零件损伤,一次扣2分,扣完为止	
16		5S操作	5	工具使后及时放回,工位整洁	
总 分			100	合 计	

反思

1. 润滑油将杂质铁屑带出沉淀至油底壳,那么机油更换的周期如何判定?
2. 润滑系统的常见故障有哪些?如何进行排除?

项目六 发动机总体拆装

　　掌握发动机的总体拆装是学习汽车发动机维修技术的重要基础。当一台发动机内部运动的零部件不合格时，就需要通过大修恢复发动机的性能。发动机是一台机器，所有的零部件都是可以更换的。只要将坏掉的零件换成新的，再按照技术要求装配好，做到不漏水、不漏电、不漏油，发动机就可以恢复正常的性能。

任务十　掌握发动机总体拆卸

任务描述

　　前面已经学习了发动机的总体结构，对曲柄连杆机构、配气机构、冷却系统、润滑系统、燃料供给系统都分别进行了拆装操作，对于发动机的相关知识已经有了不错的基础，本任务主要是讲解拆卸一台完整发动机的操作过程。

任务目标

　　完成本任务的学习后，你应能：

★ 说出雪佛兰科鲁兹1-1-6发动机的各部件组成以及作用；

★ 正确使用120件套组合工具和专用工具；

★ 记住发动机总体拆卸流程；

★ 记住发动机总体拆卸的注意事项；

★ 具备拆装操作的基本能力。

建议学时：8学时。

相关知识

一、发动机大修包

　　在发动机的拆卸过程中会损坏汽缸垫以及密封组件，所以必须准备一套与发动机适应的大修包。大修包一般包括与原车完全匹配的汽缸垫、气门油封、曲轴油封、油底壳密封垫圈、活塞环、进排气歧管垫片、前后端盖密封垫片、各种密封垫油封等，如图6-1所示。

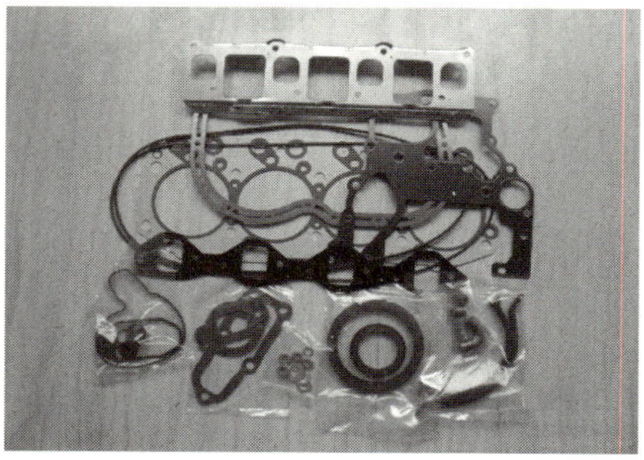

图6-1 发动机大修包

二、专用工具

　　发动机制造商为了保证自己的利益，通常会对自己的技术进行保护，专门定制了专用工具用于安装定位，所以要想正确的安装好发动机，必须使用原厂专门定制的专用工具，如果不采用专用工具，可能安装的发动机根本无法正常工作。这点必须注意。不然可能会造成严重的事故，导致发动机报废。

三、拆卸原则

　　对于同一个平面上固定同一零件螺栓的拆卸原则是：先两边后中间对角拧松。

任务实施

一、操作准备

序　号	工具、设备名称	型号（品牌）或说明	数　量
1	工具车	世达	4台
2	预置式扭力扳手或指针式扭力扳手	能够调到80 N•m	4把
3	150件套	史丹利	4套
4	正时专用工具套	科鲁兹1-1-6	4套
5	手套、抹布	棉制	4张
6	实训工作台		4台

二、操作过程

（1）选择工作台，泄掉油压，放水，断电，如图6-2所示。

（a）工作台　　　　　　　　　（b）切断蓄电池　　　　　　　　（c）排冷却液

图6-2　准备工作

友情提示

断电：先拆卸蓄电池负极，再拆卸蓄电池正极。

泄油压：先拆卸油泵继电器，然后启动发动机，消耗掉燃油管内残余燃油。

（2）拆放油螺栓，放机油，如图6-3所示。

（a）取下机油加注盖　　　　　（b）拧下放油螺丝　　　　　　　（c）放油

图6-3　放机油

友情提示

先拆下机油加注盖，保证机油排放顺利不受负压。放油螺栓先用扭力扳手泄力，然后用棘轮扳手快速拧下，注意回收废机油。

（3）拆卸发动机台架上所有线束，主要包括电磁阀、传感器、执行器等全部链接线束，如图6-4所示。

（a）拆VVT传感器　　　　　　　（b）点火线圈插头

图6-4　拆卸线束

友情提示

一般汽车电器插接器均有锁紧装置，请确认锁紧卡扣打开后再拆卸，以免损坏线束插头。

（4）拆卸燃油管路与冷却水管等连接管路，如图6-5所示。

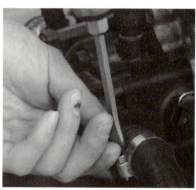 

（a）拆水管　　　　　　　　（b）拧下卡箍螺丝

图6-5　拆卸管道

（5）拆卸进气系统侧的零部件，如空气滤气器、曲轴箱强制通风管、油轨、节气门体、进气管等，如图6-6所示。

（a）拆曲轴箱通风管　　　　　（b）拆燃油分配管　　　　　　（c）拆进气管

图6-6　拆卸进气系统

（6）拆卸排气系统侧的零部件，拆卸顺序为：消声器→机油尺→排气管隔热罩→排气管等，如图6-7所示。

（a）拆消声器　　　　　　　　（b）拆机油尺　　　　　　　　（c）拆排气管

图6-7　拆卸排气系统

（7）将张紧轮泄力，拆卸皮带、张紧轮，如图6-8所示。

（a）泄力张紧轮　　　　　　　（b）拆卸张紧轮

图6-8　拆三角皮带

友情提示

拆卸传动皮带时，请先用扭力扳手逆时针转动泄力张紧轮。

（8）拆卸发电机、起动机、点火线圈，如图6-9所示。

（a）拆发电机　　　　　　　　（b）拆起动机　　　　　　　　（c）拆卸点火线圈

图6-9　拆卸附件

友情提示

点火线圈拆卸时，严格按照由两边到中间分2~3次拧松的方式进行拆卸，避免点火线圈由于变形量过大而损坏。

（9）拆下凸轮轴罩盖、正时皮带上罩盖，如图6-10所示。

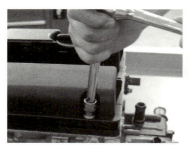

（a）拆凸轮轴罩盖螺栓　　　　　（b）取下凸轮轴罩盖　　　　　（c）拆正时皮带上罩盖

图6-10　拆气门室罩

（10）使用专用工具固定凸轮轴、飞轮，如图6-11所示。

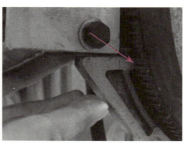

（a）固定凸轮轴　　　　　　　　（b）固定飞轮

图6-11　固定专用工具

友情提示

先固定凸轮轴位置，然后再固定飞轮位置。固定位置时务必确定专用工具安装到位，如图6-11箭头所示。

（11）拆卸曲轴传动带轮，取下正时下罩盖，如图6-12所示。

（12）将内六角放入张紧轮中逆时针转动泄力张紧轮，然后依次拆卸皮带、惰轮、曲轴正时齿轮，如图6-13所示。

友情提示

注意曲轴正时齿轮与曲轴之间的半圆键，以免丢失。

（a）拆下曲轴转动带轮　　　　　（b）取下扭转减震器　　　　　（c）取下正时罩盖

图6-12　拆卸转动带轮

（a）固定拆张紧轮

（b）拆皮带

（c）拆曲轴正时齿轮

图6-13　拆卸张紧轮

（13）安装凸轮轴正时锁止工具，拆下凸轮轴正时齿轮及正时皮带后罩盖，如图6-14所示。

（14）拆卸小循环水管接头、节温器、水泵带轮、水泵及外壳，如图6-15所示。

> **友情提示**
>
> 锁止工具上的直线与正时齿轮上的标记点基本在一条直线上，且左边齿轮突出点略微高一点，如图6-14（b）箭头所示。

（a）安装专用锁止工具

（b）锁止工具标记点

（c）标记正时齿轮

（d）拆卸正时齿轮

图6-14　拆卸正时齿轮

（a）拆卸连接管

（b）取下节温器

（c）拆下水泵

图6-15　拆卸冷却系统

（15）拆卸机油冷却器，标记进排气凸轮轴，取下固定专用工具，拆卸VVT控制阀总成，拆下进排气凸轮轴油封，如图6-16所示。

友情提示

做标记前务必将凸轮轴上的机油清理干净，以防止标记丢失。

（a）拆卸机油冷却器

（c）拆卸凸轮轴轴承盖

（b）标记凸轮轴

（d）拆卸油封

图6-16　拆卸机油冷却器和凸轮轴

（16）记录凸轮轴轴承盖顺序的标记顺序与方向，拆下进、排气凸轮轴轴承盖、凸轮轴、汽缸盖、汽缸垫子，如图6-17所示。

（17）将翻转架旋转180°，拆下油底

友情提示

汽缸盖与缸体连接处间隙较小，在撬汽缸盖时务必在图6-17（c），（d）两处同时将一字螺旋刀的头部缠绕电工胶布以保护缸盖与机体。

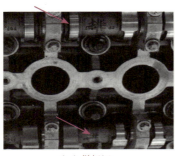

（a）做标记

（b）拆卸缸盖螺栓

（c）撬汽缸盖位置（1）

（d）撬汽缸盖位置（2）

图6-17　拆卸汽缸盖

壳，如图6-18所示。

（a）拆油底壳

（b）撬开油底壳

图6-18　拆卸油底壳

— 友情提示 —

拆卸油底壳时注意撬的位置选择（图6-18（b）所示位置），在一字螺旋刀头部缠绕电工胶布。

（18）用铲刀清理活塞顶部，用记号笔标记汽缸编号、连杆盖编号，并记录活塞、连杆盖方向，如图6-19所示。

（a）清理活塞顶部

（b）标记活塞缸序

（c）标记连杆盖顺序

（d）确认连杆盖号与轴承盖号

图6-19　清洁、做标记

— 友情提示 —

先做1号和4号活塞的标记，2号和3号活塞可以转动曲轴后再做。箭头所指的地方做出标记，特别注意连杆盖子的顺序和方向。

（19）拆卸连杆、活塞，摆放整齐，具体细节参照项目三活塞连杆组的拆装，如图6-20所示。

（a）拆连杆轴承盖　　　　　　　（b）用橡胶锤轻敲

图6-20　拆卸活塞连杆

― 友情提示 ―

　　先拆2号缸和3号缸，后拆1号缸和4号缸。按照1、2、3、4的顺序把连杆盖和活塞配对摆放整齐。注意在取下活塞的时候应在连杆螺丝上加装胶套，防止螺纹刮伤汽缸壁，拆卸连杆盖要用扭力扳手分3次拧松后用棘轮扳手拆下。

（20）安装飞轮固定工具，做好飞轮位置记号，拆下飞轮，如图6-21所示。

― 友情提示 ―

　　由于飞轮与曲轴、活塞、连杆机构在工作时有动平衡要求，所以曲轴与飞轮安装位置以及所用的螺栓禁止有位置变化。

（a）固定飞轮　　　　　　　（b）做好标记

图6-21　拆卸飞轮

（21）拆下油封端盖，曲轴轴承螺栓以及轴承盖分组摆好，取下轴瓦，具体细节参照项目二曲柄连杆机构的拆装，如图6-22所示。

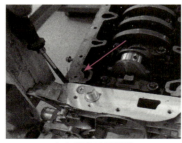

― 友情提示 ―

　　确保拆卸的轴承盖与轴承盖螺栓按照缸序摆放整齐，各缸的轴承盖螺栓禁止交换位置。

（a）拆前油封端盖　　　　　　　（b）拆曲轴轴承盖

图6-22　拆卸曲轴

（22）用汽油清洁汽缸体与拆卸的零部件，并用铲刀轻轻刮掉缸体上的污渍和密封胶，如图6-23所示。

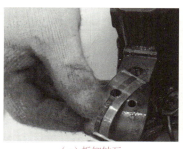
（a）拆卸轴瓦

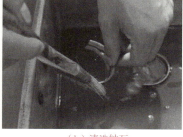
（b）清洗轴瓦

图6-23　清洁零件

友情提示

零件清理后，务必用高压空气吹干净，同时涂抹机油保护。

清洁机体密封胶时，注意不要损伤接触面。

任务检测

一、填空题

1.蓄电池断电应该先断_____极。

2.拆卸汽缸盖时应先从_____再到_____，分_____拧松。

3.排气系统主要包括_____、_____、_____。

二、简答题

1.怎样找到缸盖上的翘点？

2.飞轮为什么要坐好标记后再拆卸？

评价与反思

评价表

序号	项　目	操作内容	配分	评分标准	得分
1	操作前准备	工具准备情况检查	5	清点工具，摆放到合理位置	
2	基本防护	穿戴的衣物	5	穿工作服、劳保鞋	
3	拆除外部零件	切断蓄电池电源	4	是否先断负极	
4		泄燃油管油压	5	操作正确，泄压彻底	
5		排发动机机油	5	旋具的选择和放油的方法正确	
6		拆卸台架连接线束	3	先解锁线束连接器，然后拆卸	
7		拆卸节气门	4	旋具选择正确，分两次拧松螺栓	
8		拆卸进排气管	5	工具选择正确，无螺纹损伤	
9		拆卸点火线圈	3	两边同时受力拆卸，分2～3次拧松	

续表

序号	项　目	操作内容	配分	评分标准	得分
10	拆卸内部零件	拆卸凸轮轴	8	标记区分进排气凸轮轴，凸轮轴轴承盖摆放整齐，顺序无错误，拧松方法正确；专用工具使用正确	
11		拆卸汽缸盖	5	螺栓拧松方法正确，汽缸盖上撬位置正确	
12		拆卸活塞连杆组	5	正确做好活塞标记，拆卸后位置摆放整齐，顺序正确	
13		拆卸飞轮	5	曲轴与飞轮标记正确，拆卸后位置摆放整齐，顺序正确	
14		拆卸曲轴	5	曲轴轴承盖拧松方法正确，拆卸后位置摆放整齐，顺序正确	
15		拆卸传动皮带等组件	5	张紧轮泄力正确，标记皮带方向	
16		拆卸凸轮轴正时齿轮	5	正时工具安装正确	
17			3	标记进排气凸轮轴正时齿轮	
18	安全文明操作	物品的掉落	5	掉落一次扣2分，扣完为止	
19		操作文明	10	操作时有零件损伤，一次扣2分，扣完为止	
20		工作现场5S	5	工具使用后及时放回，工位整洁	
总　　分			100	合　　计	

反思　发动机曲柄连杆机构在拆卸时要求记录拆卸下的零件位置与编号，这样做的目的是什么？如果不这样做有什么后果？

任务十一　掌握发动机总体装配

任务描述

　　发动机的装配是一项非常严谨的工作，是按一定的工艺流程和技术要求把零部件装配成一台完整的发动机的过程。发动机的装配质量好坏将直接影响发动机的动力性、经济性和可靠性。为保证发动机能够正常工作，必须严格按照维修技术要求进行。本任务主要是讲解装配一台完整发动机的操作过程。

任务目标

完成本任务的学习后，你应能：

★ 说出飞轮的正确安装注意事项；

★ 掌握活塞环收紧器的使用；

★ 说出发动机对正时的标记点；

★ 记住汽缸垫的正确安装方向；

★ 说出拧紧缸盖螺栓的正确顺序。

建议学时：8学时。

相关知识

一、配合间隙

零部件之间的配合有3种：过盈配合、过度配合、间隙配合。安装发动机就应该按照维修手册的要求，保证零部件之间的各种配合。该留有间隙的地方就一定要留有间隙，比如配气机构提到的气门间隙，保证一定值的气门间隙就是安装发动机的技术要求。另外在发动机工作的时候，两个相对运动的零件之间，如曲轴轴承（主轴瓦）与曲轴轴颈（主轴颈）之间，需要有润滑油的润滑来减小摩擦力。要让润滑油能够进入到主轴与轴瓦之间，那么必须要有一定的间隙，不能过大也不能过小，以维修手册为准。

二、相对位置关系

在保证了零件的配合以后，还要考虑零部件之间的相对位置关系。例如，曲轴安装好了以后要保证径向圆跳动等。不只是单纯的装上，而是要保证整体的相对位置关系，不能有较大的偏差。

三、标记

为了便于安装维修，发动机上很多有方向要求的零部件都做了标记，如箭头、数字、点、字母等记号。需要按照维修手册上面注明的要求做对齐，如活塞顶部箭头方向指向正时前方。

四、密封性

发动机是一个系统，不能漏水、漏油、漏气。所以，可以通过打密封胶、安装垫圈和垫片等方式保证其密封性。

任务实施

一、操作准备

清洗零件，所有零件都用93#汽油清洗后用吹枪或吸油纸吸干，用吹枪吹通所有孔洞、油道、水道；用铲刀刮去污垢。装配发动机的过程中，不准带手套，防止手套里面的杂质进入发动机中造成发动机异常磨损。

序号	工具、设备名称	型号（品牌）或说明	数量
1	实训工作台	科鲁兹LDE	1台
2	指针式扭力扳手和可调式扭力扳手	能够调到100 N·m	1把
3	150件套	史丹利	1套
4	专用工具	科鲁兹	1套
5	工具车	中号	1台

二、操作过程

（1）清洁汽缸体。用毛刷蘸汽油对零件进行清洁，主要清洁的部位有：曲轴轴承座、汽缸壁缸体上表面、缸体下表面，前端盖、后端盖配合平面，如图6-24所示。

> **友情提示**
>
> 机体工作面必须保证清洁，禁止带手套操作。

（a）清洗轴承座

（b）擦干清洁后的汽油

（c）刮削杂质

（d）清洁汽缸壁

（e）擦干缸体

（f）缸体端面擦干净

图6-24 机体的清洁

（2）安装曲轴轴承。将清洁以后的曲轴轴瓦按照拆卸的顺序装配回去，并且向轴瓦的机油孔里打入润滑油，注意轴瓦背面禁止涂抹机油，如图6-25所示。

（a）清洗轴瓦　　　　　　　　（b）安装轴瓦

图6-25　轴瓦的安装

（3）安装曲轴。首先更换曲轴后油封，然后在曲轴的所有运动部位（曲轴轴颈、连杆轴颈）均匀涂抹机油，如图6-26所示。

友情提示

用机油枪打上机油后记得用手指涂抹均匀，禁止带手套操作且保证手指清洁。

（a）润滑轴瓦　　　　　　　　（b）安装曲轴

（c）涂抹油封　　　　　　　　（d）润滑主轴颈

图6-26　曲轴的安装

（4）安装曲轴轴盖。按照拆卸顺序依次安装轴承盖，注意第五个轴承盖应在侧面涂抹密封胶后安装。紧固分两步进行：第一步用手拧紧轴承盖螺栓，然后用铜棒轻击轴承盖消除间隙；第二步从中间到两边分2~3次按照维修手册要求拧紧轴承盖螺栓，如图6-27所示。

友情提示

每拧紧一个螺栓必须转动曲轴360°以上，确保曲轴无卡死现象。

（a）按顺序安装轴承盖　　　　　　　　　　（b）敲平轴承盖

（c）打扭力　　　　　（d）按规定打角度　　　　（e）第五个轴承盖密封胶

图6-27　曲轴轴承盖的安装

（5）安装前油封端盖密封垫片。在密封垫的接触面涂抹密封胶后将密封垫整体粘贴在缸体上，然后安装曲轴前油封端盖，最后用扭力将螺栓旋转到维修手册要求力矩，如图6-28所示。

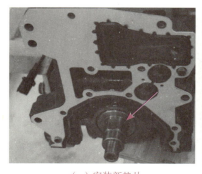

（a）安装新垫片　　　　　　　　（b）安装前油封端盖

图6-28　前端盖的安装

友情提示

　　确保曲轴的定位孔与前端盖一致，否则无法安装，如图6-28箭头所示。

（6）安装飞轮。按照拆卸时所做的标记安装飞轮，然后用专用工具锁止，最后按照维修手册要求拧紧螺栓，如图6-29所示。

友情提示

　　必须按照拆卸的位置安装飞轮与螺栓，禁止交换位置。

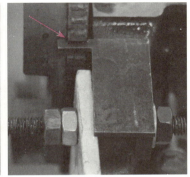

（a）飞轮标记　　　　　　　　　　（b）锁止飞轮

图6-29　飞轮的安装

（7）安装活塞连杆。活塞连杆组的安装分3步：第一步，用润滑油润滑汽缸壁、连杆轴瓦、活塞销、活塞环、连杆轴颈；第二步，先将需要安装活塞的汽缸对应的曲轴转至下止点，然后用活塞环收紧器安装活塞；第三步，安装连杆轴承盖并按照维修手册要求拧紧至规定扭矩，如图6-30所示（详细安装步骤请参阅本书项目二）。

（a）润滑汽缸壁　　　　　　　　　　（b）用手涂抹均匀

（c）润滑活塞环　　　　　　　　　　（d）润滑活塞销

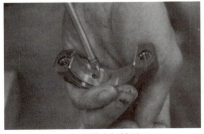

（e）润滑连杆轴瓦　　　　　　　　　　（f）活塞环收紧器

（g）将活塞装入汽缸　　　　　　　（h）润滑连杆轴颈

图6-30　安装活塞连杆组

（8）安装油底壳总阀、集滤器、稳油板。首先清洁油底壳与机体的接触面并涂抹密封胶，然后安装油底壳并紧固螺栓，如图6-31所示。

（a）涂抹油底壳密封胶　　　　　　（b）安装油底壳并紧固螺栓

图6-31　安装油底壳

友情提示

　　密封胶必须涂抹均匀且油底壳安装后不能移动位置，以防止漏油。

（9）安装汽缸垫。对齐定位销与油道，如图 6-32箭头所示位置。

图 6-32　安装汽缸垫

（10）安装汽缸盖。将汽缸盖放置于机体上方，并按照维修手册要求从中间到两边分2~3次拧紧螺栓，如图6-33所示。

（a）放置汽缸盖　　　　　　　　　（b）拧紧缸盖螺栓

图6-33　安装汽缸盖

（11）安装凸轮轴。安装凸轮轴分为3步：第一步，清洁零件并润滑挺柱；第二步，按照拆卸时的顺序安装凸轮轴与凸轮轴轴承盖（注意方向）；第三步，从中间到两边分2~3次将凸轮轴轴承盖螺栓拧紧到维修手册要求力矩，如图6-34所示。

友情提示

安装凸轮轴轴承盖时，注意确认轴承盖的方向与顺序是否为拆卸位置。

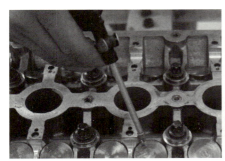 

（a）涂抹润滑油　　　　　（b）确认进排气凸轮轴

图6-34　凸轮轴的安装

（12）安装VVT阀门与凸轮轴油封，并按照维修手册要求拧紧螺栓，如图6-35所示。

友情提示

每次拆卸后，凸轮轴油封必须更换。

（a）安装VVT　　　　　　（b）安装油封

图6-35　安装凸轮轴油封

（13）安装正时皮带后罩，如图6-36所示。

（14）安装凸轮轴正时齿轮。凸轮轴正时齿轮的安装可分为3步：第一步，使用专用工具锁止进排气凸轮轴，如图6-37（a）所示；第二步，使用专用工具安装进排气正时齿轮并确保标记点对正，如图6-37（b）（c）所示；第三步，按照维修手册要求拧紧进排气正时齿轮螺栓。

图 6-36　安装正时皮带后罩

友情提示

务必确认正时齿轮标记点是否正确，如图6-37箭头所示。

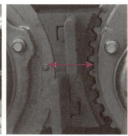

（a）锁定凸轮轴　　　　　　　（b）专用工具锁止正时齿轮　　　　（c）确认专用工具标记对正

图6-37　安装凸轮轴正时齿轮

（15）安装曲轴正时齿轮，并对准标记锁止飞轮，如图6-38所示。

（a）曲轴正时齿轮标记　　　　　　　　　　　（b）锁止飞轮

图6-38　安装曲轴正时齿轮

（16）安装惰轮与张紧轮并按照维修手册要求拧紧，如图6-39所示。

（a）安装惰轮　　　　　　　　　　　　（b）安装张紧轮

图6-39　安装惰轮与张紧轮

（17）安装正时皮带。首先用内六角逆时针转动张紧轮，然后装入正时皮带，如图6-40所示。

> **友情提示**
>
> 安装皮带时注意皮带上的字迹为正面朝向自己，如图6-40（b）所示。
>
> 正时皮带安装完成后拆卸正时锁止工具，旋转曲轴2周以上确保无卡死现象。

（a）逆时针旋转张紧轮

（b）确认皮带方向

（c）装入皮带

（d）皮带安装完成

图6-40 安装皮带

（18）安装正时皮带前罩盖与曲轴传动带轮并按照维修手册要求紧固，如图6-41所示。

（a）正时皮带前罩盖

（b）安装曲轴带轮

图6-41 安装曲轴皮带轮

（19）安装气门室罩盖与点火线圈，如图6-42所示。

（a）安装气门室罩盖　　　　　　　　　　（b）安装点火线圈

图6-42　安装气门室罩盖与点火线圈

（20）安装机油冷却器、节温器，如图6-43所示。

> **友情提示**
>
> 安装冷却系统时，各个连接部位必须涂抹密封胶，以防止漏水。

（a）安装机油冷却器　　　　　　　　　　（b）安装节温器

图6-43　安装冷却系统

（21）安装小循环水管与水泵，如图6-44所示。

（22）安装水泵皮带轮、发电机、起动机，如图6-45所示。

> **友情提示**
>
> 安装小循环水管与水泵时记得要更换垫圈。

（a）安装小循环水管　　　　　　　　　　（b）安装水泵

图6-44　安装冷却系统

（a）安装水泵皮带轮

（b）安装发电机

（c）安装起动机

图6-45 安装水泵皮带轮、发电机、起动机

（23）安装张紧轮与传动皮带，如图6-46所示。

友情提示

安装皮带轮时，注意要先锁止张紧轮再安装皮带，皮带位置确定后再解锁张紧轮，如图6-46箭头所示。

（a）安装张紧轮

（b）安装传动皮带

图6-46 安装传动皮带

（24）安装排气系统与进气系统，如图6-47所示。

（a）安装排气系统

（b）安装进气总管

（c）安装节气门

（d）安装进气软管与滤清器

图6-47 安装进、排气系统零部件

（25）安装燃油连接管路与冷却液连接管路，如图6-48所示。

> **友情提示**
> 连接冷却系统管路时请更换新的卡箍，如图6-48箭头所示。

（a）安装油轨

（c）安装冷却水管（1）

（b）安装燃油管

（d）安装冷却水管（2）

图6-48　安装管路

（26）连接传感器连接线束，图6-49所示。

（a）安装线束插头

（b）安装传感器插头

图6-49　安装传感器

> **友情提示**
> 线束连接器安装好后请确保锁止结构工作正常。

任务检测

一、填空题

1.安装发动机的密封性要求做到：不漏_____、不漏_____、不漏_____。

2.安装活塞环的顺序依次是：_____环→_____环→_____环。

3.汽缸盖螺栓拧紧时要求从_____到_____，分_____到_____拧紧。

二、选择题

1.以下（　　　）不是气环的主要作用。

　　A.密封　　　　　　　B.导热　　　　　C.刮油、布油　　D.润滑

2.活塞顶部标记的作用是（　　　）。

　　A.表示发动机功率

　　B.表示发动机的转速

　　C.表示活塞和活塞销的安装和选配要求

　　D.表示活塞的拧紧力矩

3.发动机零件的清洗一般采用（　　　）。

　　A.水　　　　　　　　B.酒精　　　　　C.硫酸　　　　　　D.汽油或柴油

4.活塞最大的磨损部位一般是（　　　）。

　　A.头部　　　　　　　B.裙部　　　　　C.顶部　　　　　　D.环槽部

5.能显示扭转力矩的是（　　　）。

　　A.套筒扳手　　　　　B.梅花扳手　　　C.扭力扳手　　　　D.棘轮扳手

三、简答题

1.发动机维修后再进行装配时，哪些密封圈需要更换？

2.发动机维修后再进行装配时，哪些地方需要涂抹密封胶？

评价与反思

评价表

序号	项　目	操作内容	配分	评分标准	得分
1	操作前准备	工具准备情况检查	5	清点工具，摆放到合理位置	
2	基本防护	穿戴的衣物	5	穿工作服、劳保鞋	
3	装配配气机构与曲柄连杆机构	零部件的清洗	5	零件经汽油清洗后用高压空气吹干	
4		安装时的标记确认	5	配气机构、曲柄连杆机构零件装配方向正确	
5		拧紧螺栓的顺序	5	安装时从中间到两边分2～3次拧紧	
6		螺栓拧紧力矩	5	严格按照维修手册要求拧紧	
7		安装前涂抹润滑油	5	零件安装前涂抹润滑油	
8		零件对应缸号位置	5	1、2、3、4缸所有零件必须为对应汽缸零件，无位置交换错误	
9	装配外部零件	涂抹密封胶	5	需要密封处都涂抹密封胶	
10		更换密封处垫圈	5	需要更换垫圈处都进行更换	
11		安装正时机构	5	正时标记对应无错误	

续表

序号	项目	操作内容	配分	评分标准	得分
12	装配外部零件	安装传动皮带	5	传动皮带安装位置正确	
13		连接台架线束	5	传感器连接线束正确	
14		安装冷却系统	5	冷却系统安装无漏水	
15		安装燃油供给系统	5	燃油供给系统安装后无漏油	
16		安装进排气系统	5	进排气系统安装位置正确	
17	安全文明操作	物品的掉落	5	掉落一次扣2分，扣完为止	
18		操作文明	10	操作时有零件损伤，一次扣2分，扣完为止	
19		工作现场5S	5	工具使用后及时放回，工位整洁	
总　分			100	合　计	

反思

1.发动机配气正时的作用是什么?

2.如果配气正时安装错误有何后果?